W0216819

Paula Pritchard

Wie Sie sich selbst besitzen

Paula Pritchard

Wie Sie sich selbst besitzen

Network Press International

WIE SIE SICH SELBST BESITZEN
(Originaltitel: Owning Yourself)
von Paula Pritchard

© 1998 Encore Management Group, Inc.

All rights reserved under International and Pan American copyright conventions. Written permisssion must be secured from the publisher to use or reproduce any part of this book, either in print or electronically, except for brief quotations in book reviews or news articles.

Alle Rechte vorbehalten. Jegliche Art der Reproduktion und Vervielfältigung ist untersagt. Copyright der europäischen Ausgabe: © Network Press Int. AG. Zuwiderhandlungen und Verletzungen der Urheberrechte werden strafrechtlich und zivilrechtlich verfolgt.

Erstauflage USA: 1998
Encore Management Group, Inc., USA

3. Auflage Europa: November 2003
Network Press Int. AG
Segeberger Chaussee 142 – 22851 Norderstedt
ISBN 3-936530-09-2

Herstellung, Druck, Übersetzung und Exklusivvertrieb für Europa:
Network Press International AG

Vertrieb:
Deutschland – Österreich – Schweiz
Network Press Int. AG
Tel.: Germany-40-533 22 60 · Fax: Germany-40-533 22 620

Cover Design by Robert Evelyn Design Group
Deutsche Anpassung: RAINBOW impact!/Nÿÿn

Über die Autorin

Während sie an der Kent State University studierte, wurde Network Marketing-Phänomen Paula Pritchard desillusioniert durch die Unmöglichkeit, in der akademischen Welt finanziell voran zu kommen. Mit einem Bakkalaureus und einem Magister bereits in der Tasche, arbeitete sie gerade an ihrem Doktorgrad, als sie sich entschied, erstmals an einem Network Marketing Meeting teilzunehmen. In jenem Sommer spielte sie mit der Idee, etwas Geld nebenher zu verdienen. Zweiundzwanzig Jahre später verrät self-made Millionärin Paula in ihrem Buch jene Networking-Philosophie, die sie zur Spitze von vier verschiedenen Network Marketing Unternehmen gebracht hat.

Ihre erste Erfahrung im Network Marketing machte sie mit Amway. Aus der, zur damaligen Zeit existierenden eine Million Beratern ging Paula als erste Frau in den Vereinigten Staaten hervor, die den hervorragenden Status des Diamanten erreichte. Seit ihrer Zeit mit Amway hat Paula großen Erfolg mit drei weiteren Network Marketing Unternehmen erreicht: Herbal Life, NSA und Quorum. Bei der Eröffnung von zwei dieser Unternehmen in England war sie Vorkämpferin. Zusätzlich baute sie von Grund auf ein Geschäft auf, das sich über fünfzehn Nationen erstreckte. Als eine der besten und beständigsten Leistungsträgerinnen im Network Marketinggeschäft hat sie immer wieder bewiesen, daß ihr System funktioniert. Ihre Methode des Aufbaus eines erfolgreichen und großen Geschäfts wurde bereits mehrfach erprobt und wird immer wieder angewendet. Eine Persönlichkeit zu finden, die es in vier verschiedenen Unternehmen mit unterschiedlichen Märkten und demographischen Voraussetzungen bis zur Spitze schaffte, ist wirklich eine Seltenheit.

In diesem Buch führt Paula ihre Leserschaft durch klare und logische Schritte, die das Mysterium des Erfolgreich-werdens im Network Marketing auflösen. Außerdem zeigt sie den Lesern, wie sie ihre eigenen Träume im Network Marketing identifizieren und erreichen; sie gibt denen, die die Höhen und Tiefen des Network Marketings durchleben, Unterstützung und Ermutigung, und vermittelt Einsicht und Verständnis. Es spielt keine Rolle, in welcher Phase sich Ihr Geschäft befindet: dieses Buch vermittelt Ihnen das Know-how über das Rekrutieren, das Training und das Führen im Network Marketing.

Danksagung

Mein Erfolg im Network Marketing und das Schreiben dieses Buches als Konsequenz, sind direkte Folgen der Ermutigung, die ich im Laufe der Jahre von einigen besonderen Personen bekommen habe.

In erster Linie danke ich meinem Bruder Roger. Sein Beispiel an Fleiß und Disziplin bestimmten für mich den Leitsatz, in meinen eigenen Leistungen nie mit einem mittelmäßigen Ergebnis zufrieden zu sein. Ich glaube, er wußte überhaupt nicht, daß ich ihn beobachtete.

Jody Victor, meinem ersten und einzigen Mentor, verdanke ich sehr viel. Er inspirierte mich und lehrte mich den Unterschied zwischen Gut und Böse, wofür ich ihm dankbar bin. Er sagte, wir alle seien für unseren eigenen Erfolg verantwortlich, und das bedeutet auch Verantwortung. Durch Jody bin ich eine bessere Führerin.

Harold Miller möchte ich für sein fürsorgliches und liebevolles Vorbild in diesem Geschäft danken. Er verdient alles Glück in dieser Welt.

Kathy Robbins, die moralisch aufrichtigste, ehrlichste und liebevollste Person, die ich kenne. Sie ist eine wunderbare Freundin und Vertraute durch dick und dünn gewesen, deren konstante Ermutigung mich dieses Buch verwirklichen ließ.

Und zum Schluß danke ich Tom Murphy, dessen Ansporn und Unterstützung dieses Buch zu einer Realität machten.

INHALT

Vorwort

Es wurde mir im Leben ziemlich früh klar, daß Freiheit ein relativer Begriff ist. Der Verlust der Freiheit scheint eindeutig, wenn es sich um ein unterdrücktes, von einem Diktator geführtes Land handelt, oder um einen Gefangenen, der im Gefängnis einsitzt. Und obwohl die amerikanische Verfassung gesetzestreuen Staatsbürgern bestimmte Freiheiten verspricht, gibt es einige Leute, die argumentieren, solche Freiheiten basieren in Wirklichkeit auf Geschlecht, Bildungsstand und Rasse. Meiner Meinung nach gibt es keinen entscheidenderen Faktor für Freiheit als den finanziellen.

Immerhin, wir sind eine freie Gesellschaft, die in einem freien Land lebt, doch bis wir finanzielle Freiheit erreichen, wird unser Arbeitsplatz, unser Wohnort, die Qualität der Schule, an die wir unsere Kinder schicken, die Größe unserer Wohnung, die Dauer unseres Urlaubs und die Marke unseres Autos von einem anderen bestimmt. In der Realität sind wir erst dann wirklich frei, wenn wir finanziell unabhängig sind.

Für mich ist Network Marketing die beste Methode gewesen, finanziellen Erfolg zu erreichen. Ich glaube, es stellt für die durchschnittliche Person die Fahrkarte zur wahren Freiheit dar und die Gelegenheit, sich selbst tatsächlich zu besitzen.

Wenn Sie Network Marketing gerade erst kennengelernt haben, wird dieses Buch Ihnen helfen, die Tatsache zu verinnerlichen, daß erfolgreiches Network Marketing von innen nach außen wächst, beginnend mit Selbstverbesserung und Selbstentdeckung. Wenn Sie eine Phase in Ihrer Networking-Karriere erreicht haben, in der die anfängliche Begeisterung nachläßt und das Sich-engagieren zu einem schmerzhaften Prozeß geworden ist, wird dieses Buch Ihre Energiereserven wieder aufladen und Sie revitalisieren. Unabhängig von der Phase, in der sich Ihr Geschäft befindet, dieses Buch wird:

- Ihnen zeigen, wie Sie Ihre Träume identifizieren und durch Network Marketing erreichen
- Sie durch die Höhen und Tiefen dieses verrückten Geschäfts unterstützen und ermutigen
- Das Mysterium, das den Weg bis zur Spitze geheimnisvoll umgibt, auflösen.

Es geht darum, daß jeder es schaffen kann.

Für diejenigen, die schnell lernen, sei hier die Zauberformel verraten:

Engagement und Harte Arbeit + Wissen und Unterstützung = Erfolg

Einige von Ihnen werden vielleicht fragen: »An welchem Punkt hat Ihre finanzielle Freiheit begonnen?«. Nun, um ehrlich zu sein, ist meine Geschichte nicht die des Tellerwäschers, der es zum Millionär schaffte. Ich war weder obdachlos, arbeitslos noch verarmt. Einige mögen gedacht haben, ich hätte schon alles: ich lehrte an einer Universität, hatte viel Freizeit und genoß durchschnittliche berufliche Befriedigung, doch das war mir nicht genug.

Mein Traum, mehr zu erreichen, entstand aus der einfachen Einladung einer Kollegin. Sie hat nicht zuerst überlegt, ob ich interessiert sein würde. Sie hat nicht gewartet, bis sie selbst Erfolg hatte oder sie den richtigen Anzug trug und sich in der richtigen Umgebung befand, um mich einzuladen. Sie kam einfach auf mich zu und fragte mich, ob ich während der Sommerzeit mit einem Nebengeschäft etwas Geld verdienen wollte. Ich sagte »Ja«. Das war meine Gelegenheit. Es hat Zeiten gegeben, in denen ich mir wünschte, ihr sagen zu können, zu welchen Veränderungen in mir sie beigetragen hat.

Am Anfang bedeutete Networking, ein bißchen mehr Geld während des Sommers zu haben; nach einer Weile wurde es zur Quelle eines Großteils meines Einkommens. Mich trieb jedoch mehr an als nur das Geld: es war etwas persönliches. Ich genoß die Begeisterung, die Aufregung und echte Ermutigung die in dieser positiven Umgebung vorherrschten. Wenn ich auf die letzten zweiundzwanzig Jahre, die ich im Network Marketing verbracht habe, zurückblicke, blicke ich auf ein erfülltes Leben. Ich habe es bis an die Spitze von vier Network Marketing Unternehmen geschafft. Ich genieße finanzielle Sicherheit. Ich habe die Welt bereist, und das mit Stil.

Es gibt eine Lebensweisheit, die sagt: »Lerne von denen, die dort sind, wo du hinwillst«. Schauen Sie sich Ihren jetzigen Mentor an, sofern Sie einen haben, und vergleichen Sie ihn mit den Leuten, die Sie ganz oben im Network Marketing sehen. Wer hat die größere finanzielle Freiheit, mehr Kontrolle über sein Leben, mehr exotische Urlaubsreisen, mehr materiellen Gewinn, mehr Zeit für die Familie? Wer lebt in einer positiven Umgebung und hat auch persönliches Wachstum genossen? Durch meine Erfahrungen im Network Marketing glaube ich, mein Leben vollkommen auszuleben. Ich bin dankbar dafür, daß jene Kollegin damals die Vernunft hatte, mich im Network Marketing einzuführen.

Was ich für Sie tun will, ist Sie weiter als bis dahin zu führen. Ich will Ihnen helfen, auf beiden Füßen zu landen. Ich habe dieses Buch geschrieben, weil ich der Meinung bin, daß jeder im Network Marketing erfolgreich sein kann. Sie brauchen lediglich jemanden, der verständlich macht, den Glauben an sich selbst und die Hartnäckigkeit zu erhalten, um Enttäuschungen zu überwinden. Ihr Geschäft müssen Sie nicht in kleinen Schritten aufbauen; im Gegenteil, es kann sprunghaft wachsen. Sie müssen nur den ersten Schritt machen wollen. Mit diesem Buch wird es mir vielleicht gelingen, Ihnen zu helfen, an sich selbst zu glauben, mit Ihnen zu arbeiten, damit Sie auch dabeibleiben, und Sie zu unterstützen, bis Sie die Spitze erreichen. Und dann werden Sie mir sagen: »Sie haben recht, liebe Freundin, es ist wirklich kein Preis zu hoch für das Privileg, sich Selbst zu besitzen.»

Paula Pritchard

Das größere Bild

Dieses Buch wird Sie nicht davon überzeugen, daß Network Marketing die Tür zu Ihrem Erfolg ist. Und es wird nicht mit einem anfeuernden »Los! Hol' sie dir!«-Rede aufhören. Falls Sie so etwas gesucht haben, dann muß ich Sie enttäuschen – falsches Buch, falsches Geschäft. Network Marketing verlangt zwar viel, aber es gibt auch sehr viel zurück. Es geht darum, dass Sie das Beste aus sich und ihrem Geschäft machen. Und so beginnt meine Geschichte.

Die Einladung

Es war einmal eine Zeit, da hatte ich einen richtigen Job. Meine offizielle Tätigkeit war die einer Hochschullehrerin. Network Marketing wurde mir während meiner Zeit als Lehrerin an der Kent State University vorgestellt. Eines Tages fragte mich eine Kollegin – sie war Professorin – ob ich während des Sommers mit einem Nebengeschäft etwas Geld verdienen wollte. Ich sagte »Ja«, und sie lud mich zu einer Präsentation in ihrem Haus ein.

Die Präsentation

Wenn ich auf diese Präsentation zurückblicke, waren etwa zehn Personen anwesend und – abgesehen von zwei Leuten, die ich mitgebracht hatte – war ich der einzige

Gast. Obwohl ich es damals nicht gleich erkannt habe, war es mir eine große Lehre. Keiner der Anwesenden gab mir das Gefühl, die Präsentation würde meinetwegen veranstaltet, was mir auch sehr unangenehm gewesen wäre. Keiner hat mich wegen meiner Fähigkeiten oder Wünsche im voraus beurteilt; ich war immerhin noch jung und unerfahren.

Und dann...

Wer hätte gedacht, daß ich nach vier Jahren die erste Frau sein würde, die eine der höchsten Positionen innerhalb jenes Unternehmens erreichen würde – nämlich die des Diamanten-Beraters – und das innerhalb Rekordzeit! Wegen dieser Leistung erschien mein Foto auf der Titelseite eines landesweiten Magazins, wurde ich gemeinsam mit ein paar ausgewählten Diamanten-Beratern zu einem Empfang im Weißen Haus und zu einem Essen mit Ronald Reagan eingeladen, in Unternehmenspublikationen anerkennend erwähnt, als Hauptrednerin bei verschiedenen Veranstaltungen eingeladen, in zwei Büchern erwähnt (eines war ein nationaler Bestseller) und erhielt viele Reisen – unter anderem eine der begehrten Reisen auf der firmeneigenen Jacht.

Die Lernkurve

Was die meisten Leute nicht wissen ist, daß ich in den ersten fünfzehn Monaten dieses vierjährigen Trecks keinen Erfolg hatte, wenig Geld verdiente und häufig daran dachte, aufzugeben. Dieses Buch konzentriert sich darauf, Ihnen den Unterschied zwischen dem, was ich in den ersten fünfzehn Monaten machte, und dem, was ich in den darauffolgenden dreiunddreißig Monaten dieser vierjährigen Reise gemacht habe, zu zeigen. Auf jeden Fall kann ich sagen, daß ich einige wichtige Veränderungen vollzogen und einige lebensverändernde Lektionen gelernt habe. Zur Lernkurve läßt sich am besten sagen, Sie werden sie erleben und, sofern Sie sich Zeit lassen, auch meistern.

Ich habe drei wichtigen Dinge erfahren, die zu meiner fünfzehn Monate dauernden Lernkurve beigetragen haben. Erstens: ich versuchte immer wieder, das Rad neu zu erfinden. Vermutlich war es der Lehrer in mir, der immer wieder versuchte, einen besseren Weg zu finden, anstatt die bereits erprobte und bewiesene Methode zu befolgen. Wirklich entmutigt wurde ich, als ich sah, daß Leute mich überholten, die erst nach mir ins Geschäft eingestiegen waren. Sie taten einfach, was ihnen gesagt wurde, während ich alles verkomplizierte. Zu dieser Zeit kam mir die Erkenntnis, daß mein Sponsor oder meine Upline absolut keine Veranlassung dazu hatten, mich in die Irre zu führen. Schließlich basierte deren Erfolg darauf, mich erfolgreich zu machen. Es wurde Zeit, den Widerstand aufzugeben und blindes Vertrauen zu haben; Zeit, an das Unternehmen, an meine Upline zu glauben und ihnen mein Vertrauen zu schenken.

Zweitens: ich fühlte mich meinem Job gegenüber übermäßig verpflichtet – auf jeden Fall mehr als acht Stunden am Tag. Können Sie sich vorstellen, daß man mich für bloße $15.000 jährlich vollkommen besaß? Es gibt einen Spruch, der besagt: »Manche Leute sind so sehr damit beschäftigt, ihren Lebensunterhalt zu verdienen, daß sie gar keine Zeit haben, Geld zu verdienen«. Das traf haargenau auf mich zu.

Der dritte Grund für meine lange Lernkurve lag in der Tatsache, daß Network Marketing Mitte der siebziger Jahre ganz einfach harte Arbeit war. Es entsprach weder der traditionellen Art, Geschäfte zu machen, noch fand es damals die Akzeptanz, die es heute genießt. Die meisten betrachteten es als eine Art Nebenverdienst oder gar Hobby, und genauso habe ich es damals betrieben. Kennen Sie das Lied »I Was Country When Country Wasn't Cool«? Nun, ich war Network Marketing, als Network Marketing gar nicht »cool« war. Und Network Marketing erging es wie allen großen Trends: am Anfang wurde es abgelehnt. Schauen Sie sich das Franchising an. 1959 fehlten dem Kongreß nur elf Stimmen, um es zu verbieten, doch heute ist es eine durchaus anerkannte Geschäftsmethode.

Ein Student des Network Marketings

Obwohl jeder im Network Marketing eine Lernkurve durchlebt, dauert sie für manche viel länger als für andere. Meine Lernkurve dauerte fünfzehn Monate. Das beste ist, die Lernkurve als Tatsache anzunehmen und sie so schnell wie möglich durchzuarbeiten. Seien Sie ermutigt! Im Network Marketing können Sie wenigstens Geld verdienen, während Sie lernen. Als ich fünf Jahre lang zur Uni ging, um meine akademischen Grade zu verdienen, mußte ich nicht nur für meine Bildung, meine Bücher und meinen Unterhalt bezahlen, ich mußte auch auf den potentiellen Verdienst von fünf Jahren verzichten. Die meisten Leute machen sich keine Gedanken darüber, da das gesamte Universitätserlebnis als normaler Teil der Vorbereitung auf das Arbeitsleben gilt, doch im Network Marketing gilt eine andere Erwartungshaltung.

Einmal sagte mir ein Mann: »Paula, ich versuche es sechs Monate lang. Wenn ich nach sechs Monaten keine $10.000 im Monate verdiene, werfe ich es hin!«

Ich fragte ihn: »Seit wann hast du deinen jetzigen Job?«

»Seit vierzehn Jahren«, antwortete er.

»Du machst deinen Job seit vierzehn Jahren, hast es noch immer nicht geschafft, und du willst Network Marketing bloß sechs Monate geben? Das kann nicht dein Ernst sein!«

Wo liegt der Unterschied zwischen einem Studenten des Network Marketing und einem Studenten an der Universität? Sie bestimmen die Dauer der Lernkurve, und sie kann viel kürzer sein als vier Jahre. Wenn Sie die Zeit investieren und das, was Sie lernen, auch anwenden, so glaube ich, daß Sie Gelegenheit erhalten werden, die niedrigen Verdienste Ihrer Lernkurvenzeit mehr als wettzumachen.

Die Entdeckung

Als ich endlich meinen fünfzehnten Monat im Network Marketing erreichte, war ich ziemlich ausgebrannt. Ich war sogar mehr niedergeschlagen, als ich mir selbst eingestehen wollte. Doch gerade als ich dachte, es nicht mehr ertragen zu können, passierten einige Ereignisse, die die Dinge um 180° wendeten. Ich nahm an einer dieser nicht gerade unterhaltsamen Lehrkörperbesprechungen an der Kent State University teil. Zu meiner Überraschung wurde bekanntgegeben, daß eine meiner Kolleginnen ihren Doktorgrad gerade abgeschlossen hatte. Da ich zu der Zeit ebenfalls an meinem Doktortitel arbeitete, verstand ich das Engagement und die harte Arbeit, die es voraussetzt. Als die Leistung bekanntgegeben wurde, klatschte das Lehrpersonal. Es war jedoch nicht das Klatschen, von dem man rote Hände und müde Arme bekommt. Es war ein verhaltenes, höfliches Klatschen, das eher in der Oper zuhause gewesen wäre. Meine Reaktion war jedoch eine ganz andere. Ich stand auf und wollte gerade johlen und schreien, als mir bewußt wurde, daß ich mich nicht auf ein Network Marketing Meeting befand. Es war die wirkliche Welt, und ich sah einen riesigen Unterschied. Verstehen Sie mich bitte nicht falsch: sie haben sich nicht unhöflich verhalten. Sie fanden es einfach nicht aufregend, und auf keinen Fall waren sie begeistert. Ich weiß, es hört sich etwas zynisch an, doch wenn es sich um ein Football-Spiel gehandelt und ein Spieler gerade den siegbringenden Versuch gemacht hätte, wäre meine Aufregung sicher angebracht gewesen. Meine Begeisterung schwand, als ich hörte, die Kollegin würde jetzt weitere $1.500 im Jahr verdienen. $1.500! Soviel konnte ich mit äußerst wenig Mühe in meinem Network-Geschäft nebenher verdienen, ohne viel Zeit und Geld in ein Studium zu stecken. Wie deprimierend!

Auf der Suche nach Beistand

Meine fünfzehn Monate des Versuchs und Irrtums waren vergleichbar mit einem Networking-Gefängnis, doch jede Veranstaltung, die ich besuchte, und jede positive Präsentation war wie ein persönlicher Vollstreckungsaufschub. Es war so, als wären wir Partner in einem Monopoly-Spiel und meine Partner hätten mir gerade eine »Entlassung aus dem Gefängnis«-Karte geschenkt. Die ermutigende Einstellung von

Networkern war es, die mich in jenen frustrierenden fünfzehn Monaten im Geschäft hielt. Eines war mir klar: die zusätzliche Gehaltserhöhung von $1.500 für die Mühe und das Engagement, die ein Doktorgrad erfordert, und die nicht gerade begeisterten Glückwünsche meiner Kollegen würden mich nicht im Lehrberuf halten, also mußte ich handeln.

Vergleichen – Wählen – Verpflichten

Sie kennen ja den Spruch »Lerne von denen, die dort sind, wo du sein möchtest«. Als ich meine Mentoren an der Kent State University mit meinen Mentoren im Network Marketing verglich, stellte ich fest, daß es gar kein Vergleich gab. An der Kent State University verdienten sie gerade das zum Leben Nötigste. Im Network Marketing hatte mein Mentor die ganzen materiellen Vorteile wie zum Beispiel: ein wunderschönes Haus, Schwimmbecken, Rolls Royce, Reisemobil, exotische Urlaubsreisen. Außerdem hatte er mehr Kontrolle über sein eigenes Leben. Einmal flog er mit seiner Tochter kurzfristig nach Disney World – einfach so, um ihren Geburtstag zu feiern. Er konnte das tun, was ich tun wollte: ein wirklich freies Dasein führen.

Zu dem Zeitpunkt beschloß ich, Network Marketing ernst zu nehmen. Aus mir wurde eine hervorragende Studentin des Network Marketings, und mein Mentor ist dabei wahrscheinlich verrückt geworden. Ich bin mir ziemlich sicher, daß man mich auf fast allen Dias von alten Preisverleihungen oder nationalen Konferenzen erkennen könnte, über die Schulter meines Mentors blickend, mein zuverlässiges Diktiergerät in der Hand: all seiner Worte habe ich aufgezeichnet und auswendig gelernt. Manchmal erbeutete ich nur ein Satz, der sich auf das Geschäft bezog, doch es war mir egal, denn ich wußte, daß auch ein einziger Satz mein Leben verändern könnte.

Ich würde lieber wechseln als kämpfen

Während ich eine fleißige Studentin war und meine eigene Gruppe aufbaute, erfuhr ich einen weiteren Rückschlag, einen weiteren Wendepunkt! Ich hatte versucht, ein bestimmtes Ziel zu erreichen, doch fast keiner aus meiner Gruppe hatte sich daran beteiligt. Jetzt reichte es mir, ich hatte es einfach satt. Dann sagte mir mein Mentor (es war wieder einer dieser Sätze): »Paula, wenn du deine Gruppe nicht aufregend findest, hast du die falsche Gruppe!«

Nun müssen Sie verstehen, das war das letzte, was ich hören wollte. Ich hatte fünfzehn Monate damit verbracht, diese Gruppe zusammen zu bekommen, und nun sagte er mir, sie sei die falsche? Doch drastische Zeiten verlangen nach drastischen Maßnahmen. Entweder würde ich mir die Haare herausreißen, aufgeben oder neu anfangen. Über das Aufgeben dachte ich ganze zehn Sekunden lang nach, doch ich konnte nicht einfach aufgeben, nicht nach fünfzehn Monaten des Leidens. Obwohl es zwar stimmte, daß ich Leute brauchte, erkannte ich, daß ich keine bestimmten Personen brauchte. Also beschloß ich, gänzlich neu anzufangen, unabhängig davon, wer mir folgen würde. »Ob es etwas wird, liegt an dir« wurde mein Leitspruch. Ich wußte, daß ich mich ändern mußte, wenn sich die Dinge auch ändern sollten. Wenn es besser werden sollte, so mußte auch ich besser werden. Ich übernahm die volle Verantwortung und ließ mir keine Hintertüren offen. Ich verpflichtete mich ganz und gar. Ich würde es ganz nach oben schaffen, oder bei dem Versuch umkommen, doch aufgeben würde ich nicht!

Zeit, die Einstellung neu einzustellen

Napoleon Hill sagte einmal: »Was immer der Geist sich vorstellen mag, wenn er daran glaubt, kann er es erreichen«. Sofort erkannte ich den Wert, diesen Satz in die Vergangenheit zu setzen, als hätte ich es bereits erreicht. Wenn ich Präsidentin der Chase Manhattan Bank wäre, würde ich mich wie die Präsidentin anziehen und benehmen. Meine ganze Person wäre die der Frau Chase Manhattan höchstpersönlich. Diese Änderung meiner Einstellung machte mich ernsthafter und gab mir die Haltung der Erfolgreichen.

Als Resultat dieser Einstellungsänderung konnte ich zusehen, wie mein Geschäft sprunghaft abhob. Die Menschen sahen, daß ich es ernst meinte und mich verpflichtet hatte, und daß ich es nach oben schaffen würde, ob mit ihnen oder ohne sie. Es ist doch interessant, wie die Angst, zurückgelassen zu werden, Leute dazu motivieren kann, einem Führer zu folgen. Sehen Sie, Menschen wollen jemandem folgen können, der weiß, was er tut. Keiner will Teil eines Experiments sein. Für mich lag das Geheimnis in der Stärke meiner Verpflichtung. Ich hatte nach dem Geheimnis des Erfolgs gesucht, dabei war das Geheimnis die ganze Zeit bereits in mir, ich hatte bloß nicht daran gedacht, dort nachzusehen. Der menschliche Geist besitzt erstaunliche Kräfte.

Begegnen und erobern

Um mich zu verändern, mußte ich meine Stärken identifizieren und meine Schwächen erkennen. Eine meiner größten Schwächen war Angst. Angst ist eine interessante Erscheinung. Man kann sie nicht sehen, doch sie ist so echt, daß sie Menschen davon abhalten kann, ihre Ziele im Leben zu erreichen. Das englische Wort für Angst ist FEAR, und mein Mentor sagte mir einmal, FEAR bedeute »False Evidence Appearing Real«, also in etwa »Falsche Beweise, die echt erscheinen«. Je länger ich über seine Worte nachdachte, umso deutlicher wurde mir, daß ich viel Zeit daran verschwendete, Angst zu haben und über Dinge nachzudenken, die wahrscheinlich nie passieren würden. Während ich über all die negativen Dinge nachdachte, die morgen passieren könnten, habe ich all die positiven Dinge verpaßt, die sich heute abspielten.

Einmal las ich, jeder Mensch sei mit nur zwei Ängsten geboren: die Angst vor dem Hinfallen, und die Angst vor lauten Geräuschen. Alle anderen Ängste sammeln wir auf wie Kletten, während wir durchs Leben gehen. Je weiter wir gehen, umso mehr Ängste sammeln wir , bis sie uns auffressen und uns daran hindern, voranzukommen. Wenn wir diese Kletten erkannt haben, haben wir die Gelegenheit, sie loszuwerden. Es ist ein tolles Gefühl, diese Lasten abzuschütteln und die Kontrolle über unser Leben wiederzuerlangen. Früher habe ich viele Selbstgespräche geführt: »Nun mach schon, Paula. Wirkliche Angst wäre, in einem Kriegsgebiet zu leben, oder gar noch schlimmer wäre es, Soldat im Kriegsgebiet zu sein, oder einem Grizzlybären zu begegnen. Wie kannst Du vor einem Telefon Angst haben?«

Für mich war die Angst vor dem Telefon eine ständiger Kampf. Es gab Tage, an denen das Telefon zehn Tonnen wog und ich so viel Kraft hatte wie eine Mücke im Hurrikan. Ich mußte ein Spiel daraus machen. Ich machte die Tatsache, daß ich telefoniert hatte, zum Erfolgserlebnis. Es war unerheblich, ob sie »Ja« oder »Nein« sagten. Für mich bestand der Erfolg darin, meiner Angst zu begegnen und angerufen zu haben. Ein Anruf – ein Sieg. Zwei Anrufe – zwei Siege. Vor meinem geistigen Auge baute sich eine Geschichte des Erfolgs auf. Wie leicht das Telefon wurde, als ich so viele Erfolge hinter mir hatte!

Nachdem ich meine Angst vor dem Telefonieren besiegt hatte, beschloß ich, meinen anderen Ängsten den Kampf anzusagen, einer nach der anderen. Immerhin standen sie zwischen mir und meinem Erfolg. Also war die nächste Angst, die ich bekämpfte, die Angst vor der Ablehnung. Es war unglaublich schwierig, diese Angst unter Kontrolle zu bekommen, bis ich erkannte, daß ich nicht das Problem war. Wenn Leute »Nein« sagten, lehnten sie das Angebot ab, aber nicht mich als Person. Ich lernte es, ein »Nein« zum Teil meiner Reise zum Erfolg zu machen. Ich hörte auf, eine drei Sekunden dauernde Enttäuschung zu einer dreiwöchigen Depression zu machen. Tatsache ist, daß Neins und Jas zu jedem Geschäft dazu gehören, und je schneller Sie dies erkennen, desto mehr werden Sie beide zu schätzen lernen.

Haben Sie jemals einen Laden betreten, sich umgesehen und den Laden wieder verlassen, ohne etwas zu kaufen? Natürlich haben Sie's. Bemerkten Sie dabei einen lauten Knall, als der Ladeninhaber vor lauter Enttäuschung umfiel. Natürlich nicht! Warum nicht? Nun, weil Geschäftsinhaber die Zahlen verstehen. Sie wissen, daß auf eine bestimmte Anzahl »Neins« eine ebenso bestimmte Anzahl »Jas« kommt. Warum, glauben Sie, ziehen die meisten Geschäfte in hochfrequentierte Gegenden wie Einkaufszentren oder Fußgängerzonen? Weil sie dort mehr »Neins« und – als logische Folge – mehr »Jas« bekommen. Suchen Sie nach den »Neins«. Begreifen Sie die Zahlen. Erfolgreiche Makler verstehen sie, die meisten Verkäufer ebenso. Sie wissen, wie oft sie eine Kaufgelegenheit vorzeigen müssen, bevor sie auf einen ernsthaften Kaufinteressenten stoßen.

Eine der stärksten Ängste ist die davor, was andere denken werden. Eine zwar unsinnige Angst, aber trotzdem sehr real. Wenn Sie lange genug suchen, finden Sie immer Leute, die Ihre Handlungen kritisieren. Warum also überhaupt danach suchen? Ob gut oder schlecht, diejenigen, die einen unkonventionellen Weg beschreiten, werden immer kritisiert – doch genau das tun die meisten erfolgreichen Führungspersönlichkeiten. Als ich mit dem Networking begann, waren mir anderer Leute Meinungen sehr wichtig; von daher mied ich Familienmitglieder, die sagen könnten: »Bist du des Wahnsinns?« oder »wann nimmst du endlich einen richtigen Job?«. Jeder hat eine Meinung zu Ihrem Entschluß, und alle sind gern bereit, sie Ihnen zu sagen, sofern Sie es zulassen. Sie müssen verstehen, daß die meisten Ratschläge, die Sie erteilt bekommen, negativer Art sind, um Sie in der Mittelmäßigkeit zu halten. Bedenken Sie: niemand aus Ihrer Nachbarschaft wird auf die Straße rennen und Sie beim Geschäftsaufbau anfeuern, damit Sie aus der schrecklichen Gegend endlich fortziehen können. Betrachten Sie es so: Wenn Sie es schaffen, wegzuziehen und die anderen zurückzulassen, bedeutet es, daß die nicht so erfolgreich sind wie Sie. Auf der anderen Seite, wenn man Ihnen den Einstieg ins Networking empfiehlt und Sie versagen, könnte man sich schuldig fühlen. Es ist viel einfacher, Ihnen abzuraten, denn wenn Sie trotzdem Erfolg haben, kann man es dem Glück zuschreiben.

Die Angst vor negativen Ratschlägen und die Neigung, sich diese anzuhören, besiegte ich, indem ich mich bewußt entschied, ungewollte Ratschläge weder zu erfragen noch anzuhören. Ich wollte die Anerkennung und den Respekt jener Leute gewinnen, die innerhalb meines Unternehmens den meisten Erfolg hatten. Um diesen Respekt zu verdienen, habe ich meine Ängste aufarbeiten und jene Dinge Tag für Tag tun müssen, die auch sie ihrerseits getan haben, um das Geschäft aufzubauen. Dann konnte ich ihren Respekt gewinnen. Wenn Sie sich die Leute anschauen, mit denen Sie Ihre Zeit verbringen, gibt es nur ein paar Alternativen. Der Philosoph Jim Rohn empfiehlt uns, diejenigen anzuschauen, mit denen wir viel Zeit verbringen, und uns zu fragen: »Was tun Sie mir an? Ist es gut so?« Wenn die Antworten auf beide Fragen negativ ausfallen, gibt es wiederum nur zwei Alternativen: entweder verbringen wir weniger Zeit mit ihnen, oder wir trennen uns ganz und gar. Das

Tolle an Networkern ist, daß sie großartige Träumer sind und einander zu Bestleistungen anfeuern.

Es ist nicht ungewöhnlich für diejenigen, die ganz oben sind, andere zu ermutigen, ihren Ängsten ins Gesicht zu schauen und sich damit zu konfrontieren. Die meisten von ihnen wissen, was Sie durchmachen, weil sie es selbst bereits durchgemacht haben. Sie wissen, daß Sie auf dem besten Wege sind, Ihre Ängste zu besiegen, wenn Sie sie identifiziert haben. Und wenn Sie Ihre Ängste überwunden haben, müssen Sie nur noch die Zahlen verstehen, um ein Team gleichdenkender Partner aufzubauen.

Zu Ihrer statistischen Befriedigung

Ihre Erfolgsquote im Networking sollte durchschnittlich je dreier Kontakte ein Ja betragen, obwohl sie am Anfang auch eins zu fünf sein kann. Liegt Ihre Quote niedriger als eins zu fünf, kann es sein, daß Ihre Upline eine Feinabstimmung vornehmen muß. Das Problem könnte in Ihrem Glauben liegen, oder auch an Ihrer Methode. Aber keine Sorge, beide Probleme lassen sich lösen. Falls Ihre Glaubwürdigkeit Probleme macht, brauchen Sie vielleicht eine Anleitung, wie Sie mit sogenannten kalten Kontakten – also Personen, die Sie nicht kennen – umgehen sollen. Durch Übung und Überzeugung sollten Sie eine Erfolgsquote von eins zu drei erreichen.

Was bedeutet das in Zahlen? Es bedeutet, daß einer von drei Qualitätskontakten sich Ihre Geschäftsgelegenheit ansehen will. Es bedeutet auch, daß einer von drei Kontakten, die sich Ihr Geschäft ansehen, in das Geschäft einsteigen wird. Bedenken Sie, daß diese Zahlen auch innerhalb des Geschäftes gelten. Von drei Personen, die einsteigen, wird eine ein Geschäft aufbauen. Wenn das Geschäft fünf Linien für den Erfolg braucht, müssen Sie 15 bis 25 Personen sponsern, je nachdem, ob Ihre Erfolgsquote eins zu drei oder eins zu fünf beträgt. Dazu müssen Sie zwischen 45 und 125 Personen Ihr Geschäft zeigen, um 15 bis 25 zu sponsern. Das wiederum bedeutet, daß Sie mit 125 bis 625 sprechen müssen, bevor Sie 45 bis 125 Personen das Geschäft vorstellen können. Bevor Sie jetzt ohnmächtig werden, betrachten wir doch das schlechteste Szenario: 1:5 oder 625 über einen bestimmten Zeitraum. Sagen wir, dieser Zeitraum beträgt sechs Monate. 625 Personen geteilt durch sechs Monate entsprechen 104 pro Monat oder etwas mehr als drei Personen am Tag, mit denen Sie sprechen müssen. Können Sie sich vorstellen, mit drei Personen am Tag zu sprechen? Dabei müssen Sie Ihr Geschäft nicht unbedingt erwähnen. Suchen Sie nach Tatsachen und versuchen Sie herauszufinden, was sie im Leben erreichen wollen und wie Ihr Geschäft ihnen dabei helfen könnte. Diese Informationen legen Sie zunächst für den späteren Gebrauch ab. Wir kommen in einem späteren Kapitel darauf zurück.

In der Regel macht das Einkommen von fünf Schlüssellinien die Mühe mehr als wett. Wenn Sie Zahlen verstehen, helfen sie Ihnen einen effektiven Plan besser zu entwickeln. Meine Partnerin Kathy Robbins und ich haben Zahlen und Aktionspläne in einem zwölfwöchigen Kursus konzentriert, den wir speziell produziert haben, um Leuten zu helfen, dieses Konzept zu verstehen. Wenn Sie an eine fortwährende Bildung glauben, sollten Sie sich diese Kassetten besorgen und das Hören der Kassetten, während Sie von einem Termin zum nächsten fahren, zu einem Bestandteil Ihres normalen Tages machen. Die Entmutigung im Network Marketing kommt von unrealistischen Erwartungen und vom Unwissen darüber, wie wichtig es ist, dabeizubleiben und die Zahlen für sich arbeiten zu lassen.

Ich will keinen JOB, ich will ein Geschäft

In den frühen Tagen meiner Ausbildungszeit im Network Marketing meinte ich, keine Kontrolle zu haben. Ich war der Meinung, Leute zu brauchen, und daß mein Erfolg von ihnen abhinge. Wenn ich fünf Linien benötigte, um ein Ziel zu erreichen, sponserte ich fünf Personen und betete, daß sie es schaffen würden. Ich verbrachte meine Zeit damit, sie zu motivieren, zu ermutigen, und war ständig und überall erreichbar. Es war fürchterlich. Ich fühlte mich miserabel. Es war, als hätte ich einen JOB! Ich ahnte wirklich nicht, wie erhebend es sein konnte, eine Gruppe zu haben, die mich motivierte. Eine völlig neue Erfahrung.

Zeit, mit meiner Gruppe neu zu beginnen. Ich arbeitete mit denen, die es verdienten und nicht einfach verlangten. Wenn ich fünf Linien benötigte, sponserte 15—25. Fünf würden es auf jeden Fall schaffen und ich hatte alles unter Kontrolle. Ich arbeitete mit denen, die mich motivierten. Ich befand mich in einer Position der Stärke, nicht der Schwäche. Leute wußten, daß ich nach oben strebte, ob mit ihnen oder ohne sie. Ich war nicht arrogant, sondern selbstbewußt. Ein großer Unterschied. Bedenken Sie: wenn Sie jemanden überreden müssen, einzusteigen, werden Sie ihn auch überreden müssen, etwas zu tun, wenn er einmal dabei ist. Dazu hatte ich weder die Zeit noch die Energie, und den JOB hätte ich erst recht nicht gebrauchen können!

Nicht versuchen – TUN!

Innerhalb kurzer Zeit haben sich Leute tatsächlich bei mir eintragen lassen. Es war, als hätten sie Angst, ich würde es nach oben schaffen und sie würden zurückgelassen werden. Weder sie noch ich haben daran gezweifelt, daß ich es schaffen würde. Wie ich bereits sagte: Leute folgen denen, die wissen, wo sie hingehen. Man will wissen, ob Sie sich der Sache verschrieben haben. Ich mußte mich zuerst verpflichten. Ein wässriges »Ich werd's mal versuchen« ist wie der Versuch, Schlittschuh zu laufen mit nur einem Bein auf dem Eis. Wenn Sie nicht bereit sind, das Hinfallen in Kauf zu nehmen, können Sie nur soweit laufen. Doch wenn Sie sich hinaus wagen, das Hinfallen hinnehmen und wieder aufstehen, wird aus Ihnen nicht nur ein guter Eisläufer, sondern Sie werden unerwartete Überraschungen erleben. Ihre Beine werden stärker und Ihr Hintern wird auf jeden Fall fester, doch viel wichtiger ist, daß Sie das Schlittschuhlaufen erlernen. Vielleicht werden Sie auch lernen, über sich selbst zu lachen und Spaß daran haben. Die grundlegende Philosophie der Spitzennetworker ist folgende: der Unterschied zwischen Versagen und Erfolg liegt nicht darin, wie oft man hinfällt, sondern wie oft man wieder aufsteht.

Vom Anfang bis zum Ende dabeisein

Je stärker Sie werden, umso weniger schwierig wird das Networking. Es ist wirklich ein sehr simples Geschäft. Es ist nicht leicht; Sie müssen daran arbeiten, doch was Sie erlernen müssen ist einfach. Erfolg kommt nicht über Nacht, nur weil Sie an einem bestimmten Tag etwas gesagt oder getan haben. Es ist die Verpflichtung einem Programm gegenüber, das Sie tagein, tagaus befolgen. Wie gut Sie es erlernen bestimmt, wie gut Sie es anderen beibringen können. Damit kommen wir zu einem Hauptpunkt des Erfolgs im Network Marketing – dem Duplizieren. Alles, was Sie tun, muß duplizierbar sein. So sollten Sie zum Beispiel nicht erwarten, daß diejenigen, die Sie sponsern, etwas tun, das Sie nicht selbst tun. Lassen Sie die Arbeit nicht zu schwierig oder kompliziert erscheinen, ansonsten werden sich andere außerstande sehen, Ihre Position oder eine höhere zu erreichen. Wenn Sie für Ihre Geschäftspräsentation einen $500 teuren Anzug anziehen, einen Raum im besten Hotel der Stadt anmieten, gutes Essen servieren lassen und eine Präsentation hinlegen, die sich gewaschen hat, werden Ihre Gäste das Produkt vielleicht lieben, doch Ihrer Organisation werden sie nicht beitreten. Wenn sie die Präsentation verlassen, werden sie darüber nachdenken, wie viel Geld es wohl gekostet haben mag, oder wie viele Arbeit es braucht, um es so wie Sie zu machen. Oder sie lassen sich einschreiben in der Erwartung, daß Sie alles tun und bezahlen werden. Es ist sehr wichtig, bei einer Präsentation Extreme zu vermeiden. Glauben Sie mir, es ist viel produktiver, wenn Ihre Gäste mit dem Gefühl nach Hause gehen, es nicht nur genauso machen zu können, sondern viel besser. Ihr Erfolg liegt im Erfolg anderer, und von daher muß Ihr Erfolgssystem einfach zu befolgen, einfach zu lehren und, am wichtigsten, duplizierbar sein. Stellen Sie sicher, daß Sie nur das tun, was Sie dupliziert sehen wollen, ansonsten lassen Sie es um Himmels Willen sein!

Networker sind Leute mit einem Ziel

Welcher Grund, welches Ziel hat Sie zum Eintritt ins Networking bewogen? Was immer es war, Sie müssen es stets im Auge behalten. Ohne Ziel werden Sie driften. Für den einen ist es Geld, für einen anderen die Anerkennung, und für den dritten ist es vielleicht die Freiheit, die Networking bietet. Für mich war es am Anfang die persönliche Weiterentwicklung. Ich wollte besser werden. Network Marketing kann es bewirken. Networking fordert Sie auf, eine bessere Person zu werden, mehr über sich selbst zu erfahren und bis an die Grenzen der Emotion zu gehen.

Tun Sie sich einen Gefallen – GENIESSEN SIE!

Network Marketing wird viele Bereicherungen in Ihr Leben bringen, doch die wenigsten davon werden materieller Art sein. Für mich müssen die Belohnungen vielfältig sein: finanzielle Unabhängigkeit, die Möglichkeit, mich zur Ruhe zu setzen, wenn ich es will; ein Haus auf einer paradiesischen Insel vor der Küste Floridas, wo ich die salzige Meeresluft atme, am Strand entlang laufe und Möwen von meiner Terrasse aus füttere. Ich besitze ein Mercedes 500SL Cabrio, das Auto meiner Träume. Außerdem besitze ich ein erstklassiges Reisemobil. Es sieht aus wie ein Bus, und wenn ich ihn fahre, sehe ich aus wie eine Busfahrerin. Ich liebe es! Ich habe viele Reisen machen können, wann und wohin ich wollte, darunter zwei Kreuzfahrten in der Karibik, wo ich zwölf verschiedene Inseln besuchte.

Das Leben ist sehr schön verlaufen, doch das schönste Ereignis war, als Laura Carter-Maddocks, eine Freundin, der ich das Geschäft vor zwei Jahren vorstellte, es ebenfalls nach oben schaffte. Als ich sie damals in das Geschäft einbrachte, hatte sie von ihrer Bank die Empfehlung bekommen, sich bankrott zu erklären, und sie suchte verzweifelt nach einer Lösung. Da es im Networking genau darum geht, nämlich für andere Lösungen zu finden, habe ich mich darauf konzentriert, Laura dabei zu helfen, aus ihrem Network Marketinggeschäft einen Erfolg zu machen. Und das tat sie auch. In einer der besten Londoner Zeitungen wurde sie als eine der 100 Spitzenverdienerinnen des ganzen Vereinigten Königreichs anerkannt. Sie war die Nummer 70, und ich war sehr stolz! Das ist das Beste, was dieses Geschäft zu bieten hat.

Oliver Wendell Holmes sagte einmal: »Das großartigste auf dieser Welt ist nicht, wo wir uns befinden, sondern in welche Richtung wir uns bewegen.« Befolgen Sie die in diesem Buch enthaltenen Anleitungen und bewegen Sie sich bis ganz nach oben.

Am Anfang

Am Anfang gab es das traditionelle Geschäft, und die herrschenden Mächte sagten: »Lasse es Franchising geben!«. Und es gab Franchise-Geschäfte, und sie waren gut. Dann sagten die herrschenden Mächte: »Lasse es Heimgeschäfte geben!« Und es gab Heimgeschäfte, und sie waren sehr, sehr gut. Es dauerte nicht lange, bevor die herrschenden Mächte sagten: »Lasse es Network Marketing geben!«. Und es gab Network Marketing, und es war sehr, sehr, sehr gut – nur vielleicht etwas verwirrend!

Was ist Network Marketing überhaupt?

Network Marketing ist eine »von Mund zu Mund« Methode des Vertriebs, die davon lebt, daß eine Gruppe von Menschen, ihre Geschichte erzählen, um Produkte zu bewegen. Es gibt keine Mittelsmänner, keine Zwischenhändler und keine Werbekosten. Der Händler oder Berater kauft Produkte direkt vom Hersteller und vermarktet diese an den Endverbraucher, wobei viel Zeit und noch wesentlich mehr Geld eingespart wird. Es ist ein tolles Konzept. Sie können anderen die Möglichkeit einräumen, Produkte ebenfalls direkt vom Hersteller zu beziehen. Diese Personen können dann soviel verdienen, wie sie sich wünschen, genau wie Sie – und noch mehr, wenn sie hart genug arbeiten. Dafür, daß Sie anderen dabei helfen, erfolgreich zu sein, zahlt Ihnen der Hersteller eine Vergütung. Der Hersteller beteiligt Sie am Unternehmensgewinn, denn Sie haben zum Wachstum der Vertriebsorganisation des Unternehmens beigetragen. Für den Hersteller sind es Expansionskosten.

Das Schöne am Network Marketing ist das geometrische Wachstum. Der Erfolg hängt nicht von einem Einzelnen ab, der viel verkauft. Es ist vielmehr eine große Anzahl von Leuten, die alle ein wenig verkaufen, die den Erfolg ausmachen. Ein Stufensystem, illustriert durch die folgende Anekdote:

Vor einigen Jahren wurde mir folgende Frage gestellt: »Paula, was hättest du lieber: $30.000 oder einen Cent, der sich dreißig Tage lang jeden Tag verdoppelt?«

Nun, ich bin ja nicht blöd, und so entschied ich mich für die $30.000. Doch aus einem Cent, der sich dreißig Tage lang jeden Tag verdoppelt, werden $5.000.000. Und wenn der Cent sich einunddreißig Tage lang verdoppelt, werden $10.000.000 daraus. Ich bin mir nicht sicher, ob ich wirklich verstehe, wie es funktioniert, doch eines weiß ich genau – es funktioniert wirklich! Ich meine, daß man Network Marketing so betrachten muß. Sie müssen nicht jede Einzelheit verstehen, wenn Sie anfangen. Haben Sie einfach blindes Vertrauen und glauben Sie daran, daß es funktioniert. Immerhin, ist unsere Finanzindustrie nicht ebenfalls auf geometrisches Wachstum und blindes Vertrauen aufgebaut? Falls Sie mit dem blinden Vertrauen momentan Schwierigkeiten haben, lösen Sie diese mit einem Bleistift. Wenn Sie zwölf Monate lang jeden Monat eine Person sponsern und ihr beibringen, ebenfalls zwölf Monate lang jeden Monat eine Person zu sponsern – dann hätten Sie nach einem Jahr 4,096 Personen in Ihrem Geschäft. Oder, Sie sponsern lediglich fünf Personen, und jede Person sponsert ebenfalls fünf weitere – dann hätten Sie fünf Personen auf Ihrer ersten Ebene. Auf Ihrer zweiten Ebene wäre es fünfundzwanzig. Und wenn sie alle ebenfalls fünf sponsern, hätten Sie 125 Personen auf Ihrer dritten Ebene. Wenn diese jeweils fünf weitere sponsern, besteht Ihrer vierten Ebene aus 625 Personen. Und, wenn diese nun ebenfalls jeweils fünf weitere Personen sponsern, hätten Sie 3,125 auf Ihrer fünften Ebene. Insgesamt also über 4.000 Leute in Ihrem Geschäft nur fünf Ebenen von Ihnen entfernt.

Abbildung #1:

1. Ebene	→	**5**
2. Ebene	→	**25**
3. Ebene	→	**125**
4. Ebene	→	**625**
5. Ebene	→	**3.125**

Es ist wie eine Art biblischer Mathematik – eine Person erzeugt eine andere, und die erzeugt wiederum andere – und bald entsteht eine überwältigende weltweite Bevölkerung. Würden Sie jeden Einzelnen persönlich kennen? Nein! Doch würden Sie sich um all diese Leute als ein Ganzes sorgen? Aber sicher!

Ich verrate Ihnen ein kleines Geheimnis: Mit Ihrem Network Marketinggeschäft läuft es ähnlich. Solange Sie weiterhin arbeiten und Leuten von Ihrem Produkt, Geschäft und Ihrer Geschichte erzählen, regelt sich alles andere von allein. Es ist ziemlich einfach, Geschichtenerzähler zu werden. Erzählen Sie die Geschichte Ihres Unternehmens und des Produkts. Wenn andere Ihre Geschichte mögen, werden sie entweder das Produkt kaufen oder ins Geschäft einsteigen. Manchmal interessieren sie sich weder für das eine oder das andere, aber das ist OK so. Sie sollten niemals jemanden dazu überreden, in das Geschäft einzusteigen, denn dann müßten Sie ihn auch überreden, etwas zu tun, und das kann in Arbeit ausarten. Machen Sie daraus doch keinen JOB! Werden Sie stattdessen lieber zum Geschichtenerzähler.

Das ist eine Sache, die ich sehr gerne tue – Geschichten gut zu erzählen und ebenso gut zuzuhören. Einmal, auf einem Flug, begann ich ein Gespräch mit meinem Nachbarn. Flugzeuge sind eine wunderbare Umgebung, um Geschichten zu erzählen, denn Sie haben die Aufmerksamkeit Ihrer Nachbarn für die Dauer des Fluges. Was sollen sie auch anders tun – etwa aus dem Flugzeug springen? Wie auch immer, als das Gespräch zwischen mir und dem Herrn sich weiterentwickelte, fragte er mich, womit ich meinen Lebensunterhalt verdiene. An jenem Tag fühlte ich mich ein wenig streitlustig, also sagte ich ihm, ich sei Geschichtenerzählerin.

»Sie nehmen mich auf den Arm!« sagte er. Ich glaube, er dachte, ich sei Wahrsagerin, denn er lachte ein wenig.

Ich sah ihn mit einem »Ich kenne ein Geheimnis«-Blick an und sagte: »Nein, ich bin Geschichtenerzählerin«.

»Was meinen Sie damit?« fragte er.

Ich lächelte und sagte: »Nun, ich erzähle meine Geschichte und verdiene viel Geld damit«. Jetzt dachte er, ich sei vollkommen verrückt, doch er konnte es nicht widerstehen, das Gespräch fortzuführen.

»Also gut, erzählen Sie mir Ihre Geschichte«, sagte er.

Ich tat genau das, und er ist ins Geschäft eingestiegen. Obwohl er ziemlich erfolgreich zu sein schien, habe ich ihn nicht vorschnell beurteilt und angenommen, er würde sich nicht dafür interessieren. Ich habe mir nicht mal Sorgen gemacht, er könne mich als ein wenig verrückt ansehen. Eigentlich war es mir egal – ich hatte einfach Spaß daran, meine Geschichte zu erzählen. Wissen Sie, was ich über das Geschichtenerzählen gelernt habe? Je weniger Sie sich sorgen, umso produktiver werden Sie. Vergnügen Sie sich und erzählen Sie anderen Ihre Geschichte. Je besser die Geschichte, umso höher sind die Chancen, Ihrem Zuhörer die Vision zu vermitteln. Wenn Ihr Zuhörer die Vision ergreift, wird er auch die Chance ergreifen, in Ihr Geschäft einzusteigen und ebenfalls Geschichtenerzähler zu werden. Und so wie Ihr Geschäft wächst, so wächst auch Ihr Vermögen.

Schauen wir uns also an, wie das Geld geometrisch wächst. Was wäre, wenn jede Person in der Abbildung auf Seite 25 $100 im Monat machte? Kinderspiel – wenn das Unternehmen Produkte des täglichen Bedarfs herstellt, könnten sie $100 für den Eigenbedarf ausgeben. Nun, es bedeutet, daß Sie innerhalb Ihrer Gruppe einen Umsatz von $400.000 hätten. WAHNSINN! Ich konnte einfach nicht widerstehen, ein paar Dollar beziehungsweise Minuten zu opfern, um Ihre Aufmerksamkeit zu bekommen.

Hier ist ein Beispiel für geometrisches Wachstum im Rückwärtsgang. Als ich mir endlich eine echte Finanzberaterin leisten konnte, fing sie an, mir zu erzählen, was ich vor Jahren hätte tun müssen. Wenn ich mit zwanzig angefangen hätte, monatlich $100 zu sparen, wäre ich jetzt reich. Junge, ich kann Ihnen gar nicht sagen, wie sehr ich diesen Rat habe hören wollen – zehn Jahre zu spät!

Wenden wir uns dem Einzelnen zu. Der Erfolg im Networking liegt in der persönlichen Vision des Einzelnen, seiner Fähigkeit, die Vision in eine Geschichte umzuwandeln und wie oft diese Geschichte erzählt wird. Beispielsweise könnte ich meinem Zuhörer sagen: »Hier ist meine Firma. Hier ist das Geschäft. Ist es nicht toll?« (Natürlich würde ich hier und dort Details einbauen). Auf meiner Geschichte basierend entscheidet sich der Zuhörer, ob er: a) die Geschäftsidee gut findet und einsteigen will, b) das Geschäft nicht interessant findet, dafür aber die Produkte, und er wird zum Kunden, oder c) sich schnell verabschieden wird. Falls es Ihnen entgangen sein soll: zwei der drei möglichen Entscheidungen wären zu Ihrem Vorteil. Wie auch immer das Ergebnis sein mag, Ihr nächster Gedanke sollte einer der produktivsten im Networking sein – NÄCHSTER! Damit meine ich, daß Sie sich nicht niedergeschlagen fühlen sollen, wenn Ihr Zuhörer sich weder für die Produkte noch für das Geschäft interessiert. Sie haben das getan, was Sie tun sollten: die Geschichte erzählen. Wenn Sie eine gute Geschichte erzählt haben, ohne die gewünschten Ergebnisse zu erzielen, ist es Zeitverschwendung in Selbstmitleid zu versinken. Auf der anderen Seite wird Ihr Geschäft sich wie eine Achterbahnfahrt entwickeln, wenn Sie sich immer dann eine Woche Urlaub gönnen und Ihren Schwung unterbrechen, wenn jemand in Ihr Geschäft einsteigt. Damit Ihr Geschäft sich stetig entwickelt, müssen Sie sich immer an DIE NÄCHSTE Person wenden, die sich Ihre Geschichte anhören soll.

Es geht um die Unterschiede in den von Networkern erzählten Geschichten. Bedenken Sie: der Erfolg im Network Marketing hängt nicht davon ab, *was* Sie erzählen, sondern *wie* Sie es erzählen. Es kann nur das aus meinem Mund kommen, was sich bereits in meinem Kopf befindet. Wenn ich also nur eine klitzekleine Vision von meinem Unternehmen und meinem Produkt habe, werde ich nur eine klitzekleine Geschichte erzählen können. Habe ich eine großartige Vision, so erzähle ich auch eine großartige Geschichte. Je packender und aufregender die Geschichte, desto wahrscheinlicher ist es, daß Ihr Zuhörer Ihre Vision sehen wird.

Einmal zeigte ich einem Herrn das Geschäft, und er sagte: »Wissen Sie, es hört sich genauso an wie das Geschäft, von dem mir ein anderer erzählte. Aber nein, es kann nicht das gleiche Geschäft sein. Er hat lediglich Alarmsysteme verkauft.«

Überraschung! Ich wußte, es handelte sich um das gleiche Geschäft, doch ich hatte eine größere Vision, eine bessere Geschichte, und wesentlich bessere Ergebnisse. Der Unterschied ist dieser: der andere hatte nur eine klitzekleine Vision des Unternehmens, denn er verkaufte lediglich Alarmsysteme. Damit erwies er dem Unternehmen einen sehr schlechten Dienst, denn das Unternehmen produzierte High-tech, elektronische Geräte auf dem neuesten Stand der Technik für den Endverbraucher, unter anderem: Sicherheits-, Kommunikations-, Bildungs-, Unterhaltungs- und Hautpflegeelektronik. Er hat es nicht geschafft, das große Bild zu zeigen, als er seine Geschichte erzählte. Folglich wurde jener Herr von mir gesponsert, und er wurde einer meiner besten Berater.

Habe ich meine Geschichte so groß wie meine Vision gemacht? Ich habe mir angewöhnt, viele Adjektive zu verwenden um meine Geschichte interessant und aufregend zu machen, sowohl für den Erzähler wie für den Zuhörer. Wenn meine Geschichte bloß mitteilte, ich würde »Elektronikprodukte« verkaufen, könnte ich genausogut Steckdosen verkaufen, nicht wahr? Und Steckdosen hauen niemanden um – es sei denn, er fällt über die angeschlossene Leitung!

Was Network Marketing nicht ist

Network Marketing ist nicht Direktvertrieb. Der Direktvertrieb basiert auf den Verkauf eines Produkts, einer Idee oder eines Konzepts. Der ausschlaggebende Punkt ist die persönliche Produktivität. Ein Verkäufer muß sich immer um seine Verkaufsleistung sorgen; wie fallen seine Leistungen aus im Vergleich mit denen innerhalb seiner Branche und den Erwartungen seines Unternehmens? Manchmal erbaulich – manchmal isolierend! Schauen Sie, es kann nur einen König pro Absatzgebiet geben. Und wie sind die Belohnungen für diesen König? Dafür, daß er eine so gute Leistung erbringt, erfährt er den Neid seinesgleichen, ist innerlich ausgebrannt – und sein Erfolg währt nur so lange, bis die Chefs die Umsatzziele höher stecken. Oder das Unternehmen unterteilt die Absatzgebiete noch einmal und erwartet trotzdem die gleichen Ergebnisse mit nur der Hälfte der Kundschaft.

Der Direktvertrieb ist ein auf Produktion basierendes Geschäft, bei dem man sich ständig damit beschäftigt, wie viel man alleine verkaufen kann. Der Tag hat nur soundso viele Stunden, und Ihre Aufgabe liegt darin, all diese Stunden mit einkommenserzeugenden Aktivitäten auszufüllen. Verkäufer schauen ständig, wie sie die Karriereleiter hochklettern können. Es ist eine aufsteigende Progression (oder oftmals aufsteigende Aggression) in Richtung noch höherer Leistungen und noch größerer Belohnungsversprechungen. Leider stehen die Belohnungen nicht immer im Verhältnis zur Arbeit, und die nächste Ebene zu erreichen wird eher zu einer Enttäuschung als zu einer Erfüllung der Versprechungen. Manchmal gleicht es sogar einem Rennen gegen die biologische Uhr, bei dem die alten Hasen versuchen zu beweisen, daß sie genauso produktiv sein können wie die Jungen, die ihnen auf den Fersen sind.

Im Gegensatz zu Network Marketing gibt es im Direktvertrieb kaum Platz für persönliches Wachstum und Introspektion. Die Balance zwischen Geschäftsaktivitäten und Privatleben läßt sich selten erreichen. Eine Pause auf dem Weg nach oben kann den Verkäufer den Platz auf der Leiter kosten. Ist der Verkäufer besonders erfolgreich, kann das Aufsteigen so aufregend und zeitintensiv werden, daß das Privatleben im Vergleich blaß und langweilig aussieht. Jahre später, an der Spitze Ihres Erfolgs, gehen diese Leute heim zu ihrer Gewinn-und-Verlust-Rechnung und verbringen ein weiteres befriedigendes Wochenende damit, die Aktentasche aufzuräumen und Geschäftsanzüge reinigen zu lassen.

Network Marketing ist kein Franchise-Geschäft. Einer der größten Unterschiede zwischen Network Marketing und Franchising ist das Geld, das benötigt wird, bevor Sie Ihr Geschäft eröffnen können. Die meisten Franchise-Geschäfte kosten einen Arm und ein Bein. Das Problem ist, daß die meisten Menschen mit einer begrenzten Anzahl von Armen und Beinen ausgestattet sind und es sich nicht leisten können, den einen oder das andere abzugeben. Network Marketing lädt alle dazu ein, teilzunehmen – ohne große Investitionskosten. Ich glaube, daß Franchising den Weg für Network Marketing freimachte, indem es eine allgemeine Akzeptanz von nicht-traditionellen Geschäftsmethoden bewirkte. Hut ab also vor dem Franchising, denn es hat seinen Teil zum Network Marketing beigetragen.

Auf keinen Fall ist Network Marketing ein Schneeballsystem! Zunächst sind Schneeballsysteme das: illegale Systeme, die nur dem einen Zweck dienen: die Taschen ihrer Erfinder zu stopfen. Hier sind die drei Hauptelemente eines Schneeballsystems:

- ✔ das Produkt existiert nicht oder ist unwichtig
- ✔ Leute werden für das Rekrutieren bezahlt (»Kopfgeld«)
- ✔ Sie können nie mehr verdienen als der, der über Ihnen ist

Schneeballsysteme schaffen eine breite Basis schlechter bis mittelmäßiger Geschäfte, die nur dazu da sind, die »fetten Bonzen« ganz oben zu unterstützen.

Nichts könnte vom Network Marketing weiter entfernt sein. In allen drei Punkten liegen Schneeballsysteme und Network Marketing meilenweit auseinander, stehen quasi an entgegengesetzten Polen. Für unser Geschäft ist das Produkt sehr wichtig, denn unser Verdienst hängt davon ab, wie viele Produkte bewegt werden. Für das Rekrutieren hingegen erhalten wir keine Vergütung, das Geld wird nicht dem einen abgenommen und dem anderen zugesteckt. Das Unternehmen bezahlt uns, weil wir dem Unternehmen bei seiner Expansion helfen. Die Vergütung entstammt dem Unternehmensgewinn, nicht dem Einkommen der Berater. Am wichtigsten: Sie können es an Ihrem Sponsor und allen anderen in Ihrer Upline vorbei bis ganz oben schaffen. Die Struktur gleicht der anderer Organisationen – Kirchen, Körperschaften, Schulen – doch die Geschäftsgepflogenheiten sind ganz anders.

Network Marketing: Jedem das seine

Für die, die an Network Marketing glauben, sind die Resultate gleich – sie gehen dem Geschäft nach und sind glücklich dabei. Es ist interessant: was für den einen Erfolg ist, würde der andere wie ein Versagen erleben. In meiner Organisation gibt es Leute, die glücklich sind, monatlich $500 nebenher zu machen, während andere sich $5.000 als Ziel gesetzt haben. Jedem das seine. Dann habe ich wiederum Leute, die nach dem Schwachpunkt schauen würden, wenn sie weniger als $10.000 verdienten. Für einige läßt sich der Erfolg in Dollar umrechnen, doch für andere machen Freiheit, Selbstbestimmung, Unabhängigkeit und Spaß mit anderen erfolgreichen Menschen den eigentlichen Erfolg aus. Solche Leute haben sich ins Networking verliebt und werden nun mal ziemlich gut dafür bezahlt, das zu tun, was sie lieben. Meinen Partnern sage ich immer: »Wenn Sie wissen, was die Leute wollen, was sie sich unter Erfolg vorstellen, dann haben Sie die Information, die Sie für eine effektive Einladung brauchen. Wenn das passiert, sind Sie selbst auf dem besten Weg zum Erfolg!«

Network Marketing setzt Sie ans Steuer

Als Networker sind Sie der Geschäftsführer Ihres eigenen Unternehmens. Sie bestimmen, wie viele Wochenstunden Sie arbeiten, wie lange Sie Urlaub nehmen, wieviel Weihnachtsgeld Sie bekommen und wie schnell Ihr Geschäft expandieren wird. Langfristig gibt Ihnen Network Marketing mehr Flexibilität, Unabhängigkeit und Selbstbestimmung als irgendein anderes Geschäft, doch Sie müssen Geduld und Engagement mitbringen. Warum basteln einige Leute ein Leben lang an der eignen Karriere, doch dem Versuch, ein eigenes Network Marketinggeschäft zu entwickeln, wollen sie nur ein paar Monate Zeit einräumen? Einige dieser Fragen sprechen wir in Kapitel acht an, wenn wir uns über das Anfangen und den Geschäftsaufbau unterhalten. Es folgt eine einfache Liste von Dingen, die Sie tun beziehungsweise nicht tun sollten, um auf Kurs zu bleiben:

Was Sie tun sollten:

• Schauen Sie sich andere an, die in diesem Geschäft Erfolg haben. Fragen Sie sich, ob sie bereits besitzen, was Sie sich wünschen. Lautet die Antwort »Ja«, ist der nächste logische Schritt, ihrem Beispiel zu folgen.

• Tun Sie alles, was Ihr Verständnis vom Network Marketing verbessern kann. Besuchen Sie Meetings, lesen Sie Bücher, hören Sie sich Kassetten an, besuchen Sie Seminare. Stellen Sie sicher, daß Sie das richtige Wissen und Werkzeug dabei haben auf Ihrer Reise zum Erfolg.

• Behandeln Sie Ihr neues Geschäft wie ein Geschäft: lassen Sie sich die nötige Zeit, die Anfang und Aufbau eines erfolgreichen Network Marketinggeschäfts erfordern.

• Arbeiten Sie die praktischen Beispiele in diesem Buch durch. Wenn Sie später einmal lesen, was Sie heute dazu schreiben, kann es Ihnen neue Einsichten vermitteln.

• Scheuen Sie sich nicht, sich an Ihre Upline zu wenden, wenn Sie Hilfe brauchen. Je mehr Erfolg Sie haben, umso mehr Erfolg hat Ihre Upline. Hier geht es um Teamarbeit.

Was Sie nicht tun sollten:

• Suchen Sie nicht Rat oder Bestätigung von denen, die Networking vielleicht nicht ganz verstehen. Reden Sie lieber mit den Experten.
• Sagen Sie nicht, Sie werden es »versuchen«. Verpflichten Sie sich, alles zu tun, um die Verwirklichung Ihrer Träume innerhalb einer bestimmten Frist zu erreichen.
• Erwarten Sie keine Wunder in den ersten Monaten. Betrachten Sie diese Zeit als Ihr erstes Semester auf der Universität des Networkings. Akzeptieren Sie, daß Sie noch einen weiten Weg vor sich haben, bevor Sie mit Auszeichnung abschließen.
• Nehmen Sie Fehler und kleine Rückschläge nicht persönlich. Machen Sie daraus Erfahrungen, die Sie mit Ihrem neuen Unterstützungsteam teilen können.
• Hören Sie nicht auf negative Geschichten oder Meinungen über Ihr Geschäft. Diese entstehen meistens durch falsche Information und werden von Leuten verbreitet, deren verfehltn Motive Sie von der Realisierung Ihrer Träume abhalten.
• Unterschätzen Sie nicht den Wert Ihrer Reise und Erfahrungen, wenn es darum geht, anderen zu helfen.

Meine Lieblingsstatistiken im Network Marketing

Erinnern Sie sich, als ich sagte, der Erfolg im Networking beginnt von innen? Nun, hier sind einige Statistiken, die meine Behauptung belegen. Von Psychologen wissen wir, daß die meisten Leute mit elf Jahren bereits stark ausgeprägte Minderwertigkeitskomplexe haben. Um ein glücklicheres und produktives Leben zu führen, müssen wir uns absichtlich verändern. Nur rund 4% von uns versuchen, grundlegende Dinge in unserem Leben zu ändern. Von diesen 4% sind nur etwa 5% in ihren Bestrebungen erfolgreich. Was das mit Network Marketing zu tun hat? Einiges! Ihre ganzen Ängste und Minderwertigkeitsgefühle blockieren Ihren Weg zu Erfolg, Ihre Fähigkeit, Dinge zu erreichen. Wie können Sie andere lehren, ihr volles Potential auszuschöpfen, wenn Sie selbst nur mit halber Kraft voraus fahren?

Hier ist noch eine interessante Statistik. Unser ganzes Leben lang wird uns gesagt, was wir zu tun haben. Als Kinder bestimmen unsere Eltern die Richtung. Sie sagen uns, was wir uns anziehen, wie wir unsere Freunde wählen und was wir uns im

Fernsehen anschauen sollen. Dann kommt irgendwann die weiterführende Schule, und wir sind inzwischen groß und klug geworden. Unsere Eltern haben wahrscheinlich schon lange aufgegeben, uns etwas vorzuschreiben, und wir glauben uns von dieser Art der Bevormundung befreit. Irrtum! Jetzt gibt es Bildungsberater, die uns sagen, welche Fächer wir studieren sollen; Lehrer, die uns sagen, wie wir unsere Zukunft planen sollen, und es gibt sogar alberne Klingelzeichen, die uns von einem Zimmer ins andere treiben.

Dann endlich der Moment, auf den wir alle gewartet haben – die Hochschule. Wir sind ganz allein, vielleicht etliche Meilen von Zuhause und Autorität entfernt. Doch warten Sie, ganz frei sind wir noch immer nicht. Wir wollen Vorlesungen bestimmter Professoren besuchen, doch die Zeitpläne der Professoren bestimmen, wann und wo wir dies tun müssen. Studienpläne schreiben uns vor, wie viele Fächer wir studieren müssen und wann wir unser Studium abschließen können. Wir können es kaum erwarten, in die Arbeitswelt einzutreten und zu tun, was uns gefällt, stimmt's? Nun, noch nicht ganz!

In der Arbeitswelt müssen wir auf die Genehmigung unseres Urlaubsplanes warten. Einige müssen eine Stechuhr bedienen, die Anfang und Ende des Arbeitstages genau vorschreibt. Unsere Körper gewöhnen sich so sehr an die Gebote der Arbeit, daß wir uns angewöhnen, nicht mehr auf unsere eigenen Bedürfnisse zu hören bis uns einer sagt, es sei jetzt Zeit für eine Pause. Verstehen Sie, was ich sagen will?

Und hier ist der Haken. Plötzlich sollen Sie Network Marketing machen, aber es ist niemand da, der Ihnen sagt, was Sie zu tun haben. Statt Freiheit erleben Sie Panikattacken. Wenn Sie einen guten Sponsor und eine gute Upline haben, werden sie Ihnen durch diese Phase hindurch helfen. Was aber, wenn Ihre Upline nicht die Unterstützung liefert, die Sie zum Erreichen Ihrer Ziele brauchen? Erinnern Sie sich: Ihr Sponsor ist nicht Ihr Chef, er oder sie hat eine Beraterfunktion. Wenn die Person, die Sie gesponsert hat, ihre Aufgabe nicht erfüllt, gehen Sie Ihrer Upline nach bis Sie jemanden finden, der daran interessiert ist, daß Sie das Beste aus sich machen. Denken Sie nicht, Sie würden zur Last werden – deren weiterer Erfolg hängt von Ihrem Erfolg ab, und sie verstehen die Zahlen. Ungefähr 96% der Bevölkerung muß gesagt werden, was sie zu tun hat. Nur etwa 3% von uns sind in der Lage, alleine zu arbeiten, mit nur wenig Aufsicht. Und erstaunlicherweise kann nur 1% völlig selbständig arbeiten, ohne jede Aufsicht. Network Marketing kennt diese Zahlen und hat das Geschäft so strukturiert, daß Sie zwar für sich allein arbeiten, aber dabei nicht alleine sind.

Hier ist eine mörderische Statistik. Wußten Sie, daß unsere Bildung zu fast 90% aus Fakten und Zahlen besteht? Verbleiben kleine 10%, die sich mit Gefühlen und

Einstellungen beschäftigen. Eigentlich müßte es genau umgekehrt sein, denn 90% unserer Fähigkeit, erfolgreich zu sein, hängt von unseren Gefühlen und Einstellungen ab. Um Erfolg zu haben, müssen Sie Ihre Stärken und Schwächen identifizieren und bereit sein, an sich zu arbeiten, um die Schwächen, die zu einer abgeschwächten Leistung beitragen, zu verbessern. Kein Wunder, daß Leute schlechte Einstellungen und große Minderwertigkeitsgefühle haben; nur 10% ihrer Bildung wurde jenen Fähigkeiten gewidmet, die sie brauchen, um erfolgreich zu sein.

Ein weiterer wichtiger Faktor im Aufbau eines erfolgreichen Network Marketinggeschäftes ist die Fähigkeit, diejenigen auszuwählen, aus denen sich Ihre Organisation zusammensetzt. Sie müssen sich keine Sorgen darüber machen, mit wem Sie zusammenarbeiten werden, denn Sie sind Ihr eigener Personalservice und bestimmen selbst, mit wem Sie es jeden Tag zu tun haben. In der amerikanischen Geschäftswelt zeigen Statistiken, daß 98% der Entlassenen deswegen gefeuert wurden, weil sie mit ihren Kollegen und Vorgesetzten nicht zurechtkamen. Sie kennen zwar ihren Job, sind zur Ausführung der Arbeit qualifiziert, aber mit dem Sozialverhalten klappt es nicht. Sozial oder gesellig zu sein ist eine Bedingung im Network Marketing. Falls Ihre sozialen Fähigkeiten nicht besonders ausgeprägt sind, werden die anderen in der Organisation bald dafür sorgen, daß Sie sich wohl fühlen, denn das liegt in der Natur von Network Marketing. Doch Sie müssen trotzdem an Ihren Kommunikationsfähigkeiten arbeiten. Es gibt Bücher, Kassetten, Seminare und Leute, die Ihnen dabei helfen. Durch diesen Prozeß erhalten Sie auch die Gelegenheit, eine positive Einstellung zu entwickeln, Ihre Ängste zu überwinden und an sich selbst zu glauben.

Den Weg des geringsten Widerstandes gehen

Wenn Sie so erzogen wurden wie ich, wurde Ihnen beigebracht, daß harte Arbeit sich langfristig bezahlt macht. Je härter wir arbeiten, umso größer die Belohnung, nicht wahr? In der Tat beruht der »Amerikanische Traum« darauf, daß Otto Normalbürger es ganz nach oben schafft, weil er ehrlich, fleißig und engagiert ist. Obwohl das für einige sicher zutreffen mag, die Realität von heute zeigt, daß immer mehr Leute immer mehr arbeiten – und immer weniger bekommen. Als ich noch im traditionellen Geschäft steckte, wurde ich oft entmutigt, wenn ich das Gefühl hatte, einfach nicht vorwärtszukommen. Es ist immer deprimierend zu hören, daß man jahrelang geschuftet hat in der Hoffnung, eines Tages ein Stück Beton in der Stadt zu besitzen und dann entdeckt man, daß die Nachbarn, die gelernt hatten, smart aber nicht hart zu arbeiten, die kühlen Brisen auf der Veranda ihres Sommerwohnsitzes am Strand im Paradies genießen.

Meine Träume lebte ich nicht, weil die Stimmen der Mittelmäßigkeit mich immer wieder nach unten hinabzogen. Lassen Sie nicht zu, daß es Ihnen ebenfalls so ergeht. Egal, wie logisch ein Rat erscheinen mag – wenn er Sie von Ihren Träumen trennt, ist er ein schlechter Rat. Was wäre, wenn die Gebrüder Wright auf den Rat der brillanten Wissenschaftler und Mathematiker gehört hätten, als diese sagten, der Mensch würde niemals fliegen? Expressbriefe wären die, die man nach einem langen Nachtspaziergang überreichen könnte. Wir würden alle noch im Dunkeln tappen, wenn Edison nach nur 10.000 Versuchen, die Elektrizität zu entdecken und zu kontrollieren, aufgegeben hätte. Wir im Network Marketing haben gelernt, den Glauben zu wahren. Wir erzählen reihum unsere Geschichten, verbreiten die Nachricht des Erfolgs, und teilen den Erfolg derer, denen wir helfen. Es ist kein Geheimklub und keine Privatparty. Networker laden jeden herzlich ein, mitzumachen und die Belohnungen dieses unglaublichen Geschäftes zu genießen.

Die Lizenz zu Träumen

Erinnern Sie sich an die lebhafte Vorstellungskraft, die Sie als Kind hatten? Als ich fünf Jahre alt war, konnte ich Auto fahren, für einen Säugling sorgen, eine Firma besitzen, Goldmedaillen in der Olympiade gewinnen und meinem imaginären Freund Beraterin und Vertraute sein. Schon damals fiel mir das Träumen leicht, und noch heute ist es eine meiner Lieblingsbeschäftigungen. Network Marketing erlaubt es mir, in einer Fantasiewelt zu leben. Es bietet mir nicht nur mehr Gelegenheiten von Tag zu Tag, sondern auch in meine Traumwelt zu flüchten, wann immer ich es will. Bevor Sie nun sagen »Erde an Paula«, werde ich es erklären.

Träumen ist eine ernsthafte Angelegenheit

Die echte Welt nimmt Träume nicht ernst. Leute im Network Marketing haben erkannt, daß Ihr Traum das Ziel ist, während Ihre Ziele die Schritte sind, die Sie Ihrem Traum näher bringen. Diese Denkweise unterscheidet sich jedoch von der der traditionellen Geschäftswelt. Viele Motivationstrainer für traditionelle Geschäfte räumen in ihren Seminaren dem Setzen kurz- und langfristiger Ziele viel Zeit ein. Wenn ich an solchen Seminaren teilnahm, hat es mich immer wieder erstaunt, wie schnell sich die Leute ihren Zielsetzungslisten zuwenden konnten. Die ganz Widerlichen hatten sogar einen minutiösen Plan, wie sie die Tausende Ziele Schritt für Schritt erreichen würden. Und dann gab es noch die Paula. Mir fiel es schwer, auch nur ein einziges einfaches Ziel zu formulieren, und selbst das passierte nur, wenn ich mich außerordentlich inspiriert fühlte. Warum also fiel es mir so schwer, Ziele zu setzen?

Ich war rechtslastig

Der Grund, weshalb mir das Zielsetzen so schwer fiel, lag in meiner Rechtslastigkeit – rechtslastig in bezug auf das Gehirn, versteht sich. Unser Gehirn hat zwei Hemisphären oder Hälften, wobei eine Hälfte dominiert. Die rechte Hirnhälfte beherbergt unsere Leidenschaft, Emotionen, Kreativität, Vorstellungskraft und Träume. Künstler, Erfinder, Autoren und Entertainer – um nur einige zu nennen – gehören zu denen, die von der rechten Gehirnhälfte dominiert werden. Ich finde, man sollte auch Networker in dieser Liste aufführen, denn sie haben die Wichtigkeit und den Wert des Träumens erkannt.

Personen, bei denen die linke Gehirnhälfte vorherrscht, denken mehr auf eine analytische, logische Art. Hierzu gehören unter anderen: Mathematiker, Computeranalytiker, Ärzte und Ingenieure. Während diese Leute mit dem Ziele setzen keine Probleme haben, fällt ihnen das Träumen besonders schwer. Das Träumen verlangt von ihnen, aus ihrer Bequemlichkeitszone herauszutreten. Wenn Ihnen das Träumen so schwer fällt wie mir das Ziele setzen, habe ich hier ein paar Vorschläge für Sie. Nehmen Sie die Träume derer an, denen sie nachstreben – es ist unwahrscheinlich, daß diese Träume bereits patentiert sind. Suchen Sie die Träume aus, die Ihnen besonders gefallen und machen Sie sich diese zu eigen. Zu Ihnen passen meistens die Träume derjenigen, die Sie bewundern und mit denen Sie viel Zeit verbringen, denn sie haben ähnliche Neigungen wie Sie. Machen Sie sich keine Sorgen, es wird besser, je mehr Sie üben; Ihre Träummaschine ist nur kurzzeitig außer Betrieb!

Wer stiehlt die Träume?

In erster Linie wir selbst! Wir sind unser schlimmster Feind. Erwachsene, die ermutigt wurden, ihre Träume aufzugeben, erziehen ihre Kinder leider genauso. Wie? Durch ihre Sprache und durch ihr Beispiel. Nehmen wir das Beispiel eines Kindes, das heranwächst und sich ein Fahrrad wünscht oder einen kleinen motorisierten Sportwagen, oder ein älteres Kind will an einem Sprachaufenthalt in Spanien teilnehmen. Was machen die Erwachsenen? Die ersten Worte, die sie darüber verlieren, sind: »Und wer, glaubst du, wird das bezahlen? Ich werde es jedenfalls nicht tun.«

Was wir als Erwachsene eigentlich sagen müssten, wäre: »Tolle Idee! Laß uns darüber nachdenken, wie du das Geld dafür zusammenbekommen kannst« – dadurch ermutigen wir das Kind, über Lösungen und Wege nachzudenken, wie es seine Träume im Leben erfüllen kann. Stattdessen nehmen wir aus finanziellen Überlegungen unseren Kindern die Träume weg. Das gleiche tun wir uns selbst an. Vielleicht wünschen wir uns ein neues Auto oder ein neues Haus, doch dann betrachten wir unser Einkommen und finden uns damit ab, den Traum zu verschieben. Vielleicht können wir renovieren, neue Teppichböden verlegen und neue Küchentüren montieren lassen, statt ein neues Zuhause zu kaufen. Statt ein neues Auto zu kaufen, werden wir die alte Schrottkarre noch ein weiteres Jahr am Laufen halten. Wir lernen, unsere Träume unserem Einkommen anzupassen, anstatt unser Einkommen zu erhöhen, um unsere Träume zu erfüllen.

Dann gibt es noch die Stimme des Selbstgesprächs, der wir es erlauben, unsere Träume zu stehlen. Ihr Gehirn kennt Ihre eigene Stimme am besten, was also erzählen Sie sich? Wenn Sie sich oft genug erzählen, Sie seien ein nichtsnütziger Träumer, dann werden Sie die eigenen Erwartungen erfüllen und das werden, woran Sie glauben. Auf der anderen Seite, wenn Sie und die Personen in Ihrer Umgebung positiv auf Ihre erfüllten Träume reagieren, wird der Glaube, daß Sie zu Höherem geboren wurden, erheblich gestärkt. Sie werden eingenommen vom Vertrauen und vom Glauben, die Sie und andere in Ihre Fähigkeiten stecken. Wenn Sie bereits mehrmals Erwartungen übertroffen haben, ist es wahrscheinlich, daß Sie in dieser Richtung auch weitermachen werden. Geschichte, so sagt man, wiederholt sich. Network Marketing arbeitet nach ähnlichen Prinzipien, in dem es eine Spirale des Erfolgs formt, die nach oben strebt und sich endlos ausbreitet.

Ändern Sie Ihre Einstellung – Ändern Sie Ihre Fähigkeit zu träumen

Wäre es nicht toll, wenn die Nachrichten, die wir jeden Tag hören, nur positiver Art wären? Was wäre, wenn Ihr Wecker Sie jeden Morgen mit einem freundlichen »Guten Morgen, lieber Freund!« wecken würde. Stellen Sie sich die neue Verwendung für die elektronische Stimme im Auto vor. Anstatt »Bitte anschnallen« hörten Sie dann »Sie sehen aber gut aus heute morgen!« Und wenn Sie Ihr Fahrtziel erreicht haben, fühlen Sie sich ganz phantastisch. Würden wir täglich hören, wie gut wir sind, könnten wir nichts anderes sein als erfolgreich. Network Marketing liefert diese ermutigende Botschaft, und zwar durch die Personen, mit denen Sie täglich Kontakt haben und die ihre Träume bereits verwirklicht haben. Es ist die Botschaft des Erfolgs.

Die Erlaubnis zu Träumen

In diesem Kapitel versprachen wir Ihnen die Erlaubnis zu träumen, doch zuerst müssen Sie üben. Wie finden Sie heraus, welche Träume Sie eigentlich haben? Stellen Sie sich folgende Frage: Was würde Ihre perfekte Welt enthalten, und wie wäre Ihre Position darin?

Andere ermutigen, Ihre Leistung zu wiederholen
▲
Mit exzellenten Networking-Fähigkeiten lehren
▲
Den Erfolg anderer mitfeiern
▲
Pläne entwickeln, um sie erfolgreich zu machen
▲
Ihre eigene Geschichte mit anderen teilen
▲
Ihren eigenen Erfolg feiern
▲
Einen Plan umsetzen, der Ihren Erfolg gewährleistet
▲
An Ihre Fähigkeit glauben, Erfolg haben zu können

Um Antworten auf diese Fragen zu finden, müssen Sie sich nur zurücklehnen und sich gehen lassen. Machen Sie sich keine Sorgen, Ihre Träume könnten unrealistisch oder gar unerreichbar sein. Wenn Sie als Kind träumten, haben Sie auch nicht innegehalten und gedacht: »Moment mal, es hat doch gar keinen Wert, vom Autofahren zu träumen, wenn ich nicht an die Pedale herankommen oder über das Lenkrad schauen kann.« Nein, stattdessen vergnügten Sie sich mit Ihren Träumereien, richtig? Und so sollten Sie sich jetzt auch fühlen. Vielleicht hilft es Ihnen zu wissen, daß viele Führungspersönlichkeiten im Networking ihre verrückten Träume von einst inzwischen nicht nur realisiert, sondern übertroffen haben.

Auf die Gefahr hin, jene zu unterbrechen, denen das Träumen leichtfällt, wende ich mich kurz an die logisch denkende Leserschaft, die gelernt hat, das Träumen sei reine Zeitverschwendung. Meine Erfahrung ist, daß nichts von der Wahrheit weiter entfernt sein könnte. Seit ich in dieses Geschäft eingestiegen bin, träumte ich von den vielen Dingen, die ich durch Network Marketing erreichen wollte. An der Tür meines Kühlschranks klebten Bilder meines Traumautos, meines Traumreisemobils, meines Traumhauses, in dem ich eines Tages wohnen würde, und den exotischen Traumreisen, die ich machen wollte. Ich stellte mir die Freiheit vor, ein für meine

Bedürfnisse und meinen Zeitplan maßgeschneidertes Geschäft aufzubauen, in dem ich mich mit sorgfältig ausgewählten Personen umgeben konnte, die mich auf meinem Weg zum Erfolg begleiteten. Jeden Tag schaute ich meine Träume an, und bald nahmen sie Gestalt an, wurden meine Wirklichkeit.

Leben Sie in einer Scheinwelt

Die Vorstellungskraft spielt eine große Rolle beim Erreichen Ihrer Träume. Es genügt nämlich nicht, an Ihre Träume zu denken und auf das Beste zu hoffen. Sie müssen ein Bild vor Ihrem geistigen Auge malen und ein erfolgreiches Verhaltensmuster visualisieren. Eine der hervorragendsten Personen im Network Marketing, die ich kenne, ist zufälligerweise meine Partnerin Kathy Robbins. Sie erzählt gern eine tolle Geschichte, die sie einmal über die Macht des Visualisierens hörte. Die Geschichte geht etwa so:

Ein Sportlehrer teilte die Klasse in drei Basketballmannschaften auf, um eine bestimmte Sache zu verdeutlichen. Eine Gruppe übte Freiwürfe für zwei Stunden täglich. In den selben zwei Stunden alberte die zweite Gruppe nur herum, froh, daß sie nicht üben mußte. Die Personen in der dritten Gruppe wurden gebeten, sich vorzustellen, wie sie erfolgreiche Freiwürfe erzielte.

Nach einem Monat überprüfte man die Leistungen der Studenten, und die Ergebnisse waren verblüffend. Die Gruppe, die für 10 Stunden pro Woche absolut nichts getan hatte, verbesserte Ihre Leistung überhaupt nicht. Die Gruppe, die tatsächlich Freiwürfe geübt hatte, erhöhte ihre Leistungen um 24 Prozent. Das Merkwürdige ist, daß die dritte Gruppe, die sich lediglich vorstellte, erfolgreiche Freiwürfe zu erzielen, ihre Leistungen um 23 Prozen verbesserte.

Große Athleten wissen schon lange von der positiven Kraft des Visualisierens. Bevor sie versuchen, die Goldmedaille zu holen, haben sie sich schon hundertmal vorgestellt, Gold zu gewinnen. Diese Vorstellung ist sogar so detailliert, daß sie Ihnen die Farbe ihrer Sportkleidung beschreiben können, oder wer noch dabei ist, oder zu welcher Tages- oder Nachtzeit es passiert und wie sie sich fühlen, wenn man ihnen die Medaille umhängt. Selbst, wenn sie in der realen Welt die Siegestreppe zum ersten Mal besteigen, ist das Erlebnis vertraut, denn in ihrer Vorstellung machen sie seit Jahren nichts anderes.

Die Erfüllung des »American Dream«

Visionäre zu sein liegt in unserem Erbgut. Seit eh und je träumten die Führer unseres Landes von einem Land, in dem Menschen zusammenarbeiten können, um den eigenen persönlichen Erfolg zu erreichen. Anstatt zu versuchen, das Unmögliche alleine zu erreichen, hatten die Menschen die Hilfe und Unterstützung ihrer Freunde und Nachbarn, um die Felder zu bestellen und das Land zu entwickeln. Leute im Network Marketing machen dasselbe. Sie helfen Ihnen, all die Dinge durchzupflügen, die zwischen Ihnen und Ihrem Erfolg im Wege stehen. Sie werden Ihnen zeigen, wie Sie die Saat aussähen, mit der Sie viele hart arbeitende Träumer ernten können. Und letztlich helfen sie Ihnen, das Geschäft Ihrer Träume aufzubauen. Man könnte sogar behaupten, Network Marketing schließt den American Dream in die Arme. Vielleicht ist Networking traditionsreicher, als viele uns glauben machen wollen.

Der Erfolg ist nur ein Traum entfernt

Fokussiert zu sein und uns stetig vorwärts in Richtung unseres Traumes zu bewegen bringt uns unserem Erfolg näher. »Fokussiert« und »stetig« sind hier die Schlüsselworte. Meine Partnerin verwendet ein Gleichnis, um darzustellen, was passiert, wenn unser Aufstieg in die Höhen des Network Marketings nicht stetig und fokussiert verläuft.

Stellen Sie sich den Geschäftsaufbau im Network Marketing so vor: eine Herausforderung, bei der Sie einen Schneeball einen Berg hinauf und über die Spitze des Berges hinüber schieben müssen. Den Schneeball müssen Sie am Boden entlang schieben, den Berg hinauf. Ihr Ziel ist es, die Spitze des Berges zu erreichen. Wenn Sie so sind wie die meisten Menschen, werden Sie eine zeitlang hart arbeiten und dann eine Pause machen. Sie entfernen sich von Ihrem Schneeball, und der rollt wieder zum Fuß des Berges. Also fangen Sie wieder an, nur diesmal ist der Schneeball größer und schwerer. Vielleicht treffen Sie auf ein Hindernis und überlegen sich, ob es sich überhaupt lohnt. Sie setzen sich hin, um darüber nachzudenken. Inzwischen rollt Ihr Schneeball wieder zum Fuß des Berges. Jedesmal, wenn das passiert, ist der Neuanfang umso schwerer. Sie müssen sich entscheiden, daß Sie die Bergspitze erreichen werden, und stetig und mit gleichmäßiger Geschwindigkeit voranschreiten. Den Schwung und die Geschwindigkeit, die Sie entwickeln, helfen Ihnen dabei. Zum Schluß erreichen Sie die Bergspitze, und Ihr Schneeball rollt auf der anderen Seite wieder hinab, von alleine wachsend und immer schneller werdend. Mit dem Wachstum Ihrer Gruppe ist es ähnlich. Wenn Sie sich stetig und mit gleichbleibender Geschwindigkeit vorwärts bewegen, werden Sie bald eine kritische Masse erreichen und die Bergspitze ersteigen – und Ihr Geschäft wächst weiter, ohne viel Mühe.

Wandeln Sie Ihre Träume in erreichbare Ziele um

Träume sind leere Wünsche ohne Handlungsplan. Die Schwierigkeiten stellen sich ein, wenn Sie keinen durchführbaren Handlungsplan haben, doch anstatt den Grund

Ihres Versagens in Ihrem Widerwillen, einen Handlungsplan aufzustellen und zu entwickeln, zu suchen, schieben Sie dem Network Marketing die Schuld zu! Warum wird immer wieder behauptet, Network Marketing funktioniere nicht, wenn es abertausende Leute gibt, die das Gegenteil nachweisen können? Nur, weil eine Person nicht bereit ist, sich für den Erfolg zu engagieren, heißt es lange nicht, das Networking nicht funktioniert. Nur, weil eine Person es nicht schafft, einen effektiven Geschäftsplan zu entwickeln, bedeutet das nicht, daß Networking nicht funktioniert. Und wissen Sie was? Wenn Sie arbeiten, wird Network Marketing auch für Sie funktionieren.

Wie bereits erwähnt, sind Ziele für mich nicht das Endprodukt, sondern vielmehr die Schritte auf dem Weg zu meinem eigentlichen Bestimmungsort. Ich bin immer viel zu sehr beschäftigt, an meinem nächsten Ziel zu arbeiten, um das Erreichen des letzten Ziels endlos zu feiern. Verstehen Sie mich nicht falsch. Ich finde es wichtig, mich zu belohnen, doch ich bleibe stets auf mein ursprüngliches Traumziel fokussiert. Mit Belohnungen müssen Sie vorsichtig umgehen – sie sind merkwürdige Geschöpfe. Ohne kurzfristige Belohnungen ist es unmöglich, vorwärts zu kommen, doch zu viele Belohnungen lenken Sie von Ihrem Ziel ab. Die Balance zwischen visionärer Konzentration und ablenkenden Feierlichkeiten ist oftmals auch der Unterschied zwischen Erfolg und Versagen. Führungspersönlichkeiten warnen seit Jahren davor, daß kleine Erfolge den Weg zu großen Erfolgen versperren können. Glauben Sie mir, ich weiß wie verlockend es sein kann, nach monatelanger Arbeit die erste Stufe im Marketingplan zu erreichen und sich dann auf seinen Lorbeeren auszuruhen. Und das Endergebnis? Sie haben an Boden verloren und Ihre Ankunft am Endziel hinausgezögert.

Gießen Sie Öl ins Feuer!

Ihre Karriere im Network Marketing sollte mit der Entdeckung Ihrer Träume beginnen und mit deren Erfüllung enden. Das ist die Erfolgsspirale. Wenn Sie erkannt haben, wie motivierend Träume sein können, werden sie zu einem wichtigen und produktiven Werkzeug im Aufbau Ihres Network Marketinggeschäfts. Finden Sie heraus, was SIE motiviert. Was SIE inspiriert. Musik hat mir schon immer Inspiration gegeben. Die Phantasiefigur Rocky Balboa und ich haben Vieles gemeinsam. Wir stehen beide an der Spitze unseres Kampfes, heben die Arme im Siegesrausch in die Höhe, während im Hintergrund die Titelmusik zu »Rocky« läuft. Vielleicht haben wir unser Endziel noch nicht erreicht, doch den Weg dorthin genießen wir mit voller Kraft.

Die meisten von uns, wenn wir im Networking anfangen, sind wie Rocky auf seinem Weg zum Erfolg: innerlich brennt das Verlangen, erfolgreich zu sein. Wie meine Partnerin Kathy sagt: »Wenn es schwierig wird – und es wird schwierig – haben Sie zwei Möglichkeiten. Die schweren Zeiten können Sie entweder so behandeln, als hätte jemand gerade einen Eimer Wasser in Ihr Feuer gegossen, das nun für alle Zeiten erloschen ist – oder so, als hätte jemand gerade einen Eimer Benzin in Ihr Feuer gegossen, das nun heißer und heller brennt als je zuvor.«

Was ist also das Ergebnis dieser Träumerei?

Ein tolles Geschäft und positives, persönliches Wachstum. Es ist, als würden Sie auf die Striche an der Wand zurückblicken, die Ihre Mutter vielleicht machte, um Ihr Wachstum zu dokumentieren – nur hier blicken Sie auf persönliches und geschäftliches Wachstum zurück. Jede erstiegene Erfolgsebene hinterläßt einen Strich. Im Networking profitieren Sie, wenn Sie Ihre Träume und Erfolge mit anderen teilen, damit sie aus Ihren Erfahrungen lernen können, und Sie aus den Erfahrungen anderer. Es ist eine Übung, von der alle profitieren, doch Sie müssen einen Plan haben.

Auch, wenn viele von uns gerne reisen, würde es nicht sehr viel Spaß machen, ein Flugzeug zu besteigen und festzustellen, daß die Piloten nicht wissen, wohin sie fliegen sollen, wann sie ankommen sollen und ob es genügend Treibstoff gibt, um das Ziel zu erreichen. Genauso fühlen sich diejenigen, die das Abenteuer Network Marketing gerade begonnen haben. Wenn Sie, die Führungspersönlichkeit, keinen Handlungsplan zum Erreichen Ihrer Träume haben, keine Ziele, damit Sie zielgerichtet bleiben, und keine Begeisterung als Treibmittel für ihr Geschäft, welche Anleitung können Sie anderen anbieten? Es ist ein gegenseitiges Geben und Nehmen, das zum Erfolg führt. Wie ist also nun das Endergebnis? Persönliche Zufriedenheit mit den eigenen Leistungen, finanzielle Belohnungen, die ein Leben lang währen, Freundschaften, die Freude machen und die es ermöglichen, als Team Dinge zu erreichen, die alleine unerreichbar blieben – das werden Sie von Ihrem Network Marketinggeschäft haben.

Zur Sache

In den ersten drei Kapiteln haben wir Ihnen das »Warum« in Bezug auf Networking erklärt. Jetzt geht es um das »Wie«. In diesem Kapitel behandeln wir die besondere Struktur des Network Marketings und seine speziellen Vokabeln. Da Network Marketing seine eigene Sprache hat, ist es wichtig, spezifische Begriffe des Geschäfts zu verstehen. Verbringen wir also ein paar Minuten mit dem Identifizieren und Definieren einer unbekannten Terminologie.

Die Sprache verstehen

Bisher habe ich versucht, mich von bestimmten Ausdrucksweisen wie »Ich möchte Ihnen eine wunderbare Gelegenheit anbieten« fernzuhalten. Es hat den Beigeschmack eines leeren Spruchs, den Verkäufer, die eigentlich nur eine schnelle Mark machen wollen, seit Jahren predigen, ohne ihn zu praktizieren. Die einzige Gelegenheit, die solche Leute anbieten, ist die, aus schlechten Erfahrungen zu lernen. Durch solche Erfahrungen haben Sie und andere Verbraucher gelernt, das »Spiel« zu erkennen und nicht ein zweites Mal hereinzufallen.

Stattdessen sehe ich mich lieber als die Geschichtenerzählerin aus Kapitel zwei. Ich bin hier, um eine interessante, informative und vielleicht unterhaltsame Geschichte zu erzählen, die eine wichtige Botschaft für diejenigen enthält, die von der Erzählung dieser Geschichte profitieren wollen. Wenn sie die Geschichte gehört haben, muß jeder für sich entscheiden, ob er eine Hauptrolle darin übernehmen will, mit einer Nebenrolle zufrieden ist oder einfach Zuschauer sein will. Das Schlimmste, was passieren kann, ist, daß diejenigen, die zum Mitmachen eingeladen werden, eine Stunde ihrer Zeit verlieren können, in der sie mehr über eine Idee oder ein Konzept erfahren, die beziehungsweise das sie eigentlich nicht verfolgen wollen. Auf der anderen Seite könnte es sein, daß diejenigen, die Ihnen zuhören, eine noch größere Vision als die Ihre haben; sie könnten dasitzen und bereits Pläne schmieden, wie sie Ihre Leistungen übertreffen und den Weg bis ganz nach oben schaffen. Doch das dürfte Ihnen gerade recht sein, denn deren Erfolg bedeutet noch mehr Erfolg für Sie. Wie bereits erwähnt, eine natürliche Reaktion kann darin bestehen, diese Worte als die eines aalglatten Verkäufers abzutun. Also, – zur Sache!

Da wir die nachfolgenden Worte und Begriffe immer wieder in diesem Buch verwenden, sollten Sie sich damit vertraut machen.

Ebene

Das ist die Entfernung zwischen Ihnen und einem anderen Berater in einer Linie einer Beraterschaft. Beispiel: wenn Sie A sind und Sie sponsern Frau B, dann ist Frau B eine Ebene von Ihnen entfernt. Wenn Frau B den Herrn C sponsert, ist Herr C zwei Ebenen von Ihnen entfernt. Wenn Herr C Frau D sponsert, ist Frau D drei Ebenen von Ihnen entfernt. Anders gesagt: Frau D befindet sich auf Ihrer dritten Ebene.

Generation

In vielen Marketingplänen beginnt oder endet eine Generation mit einem Berater, der eine bestimmte monatliche Qualifizierung oder Position erreicht hat. Eine Generation kann mehrere Ebenen umfassen.

Bein

In diesem Sinne nichts, was Sie mit einem Strumpf oder einer Hose bedecken. Im Network Marketing bezeichnet das Wort »Bein« eine von Ihnen gesponserte Person und deren gesamte Gruppe. Diese Person und ihre Gruppe stellen ein Bein dar. Wenn Sie zwei Personen sponsern, haben Sie zwei Beine. Mit zwei Beinen kommen Sie wesentlich schneller und weiter voran. Wenn Sie mit zwei Beinen schneller vorankommen, stellen Sie das schnelle Wachstum Ihres Geschäfts mit fünf oder gar fünfzehn Beinen vor!

Sponsor

Das ist die Person, die Ihnen das Geschäft vorstellte und Sie als Berater registrieren ließ.

Upline

Die Upline ist eine Reihe von Sponsern, bestehend aus Ihrem Sponsor, dem Sponsor Ihres Sponsors, dessen Sponsor – und so weiter, bis ganz nach oben in der Organisation.

Downline

Die Downline besteht aus den Leuten, die Sie gesponsert haben, sowie denjenigen, die Ihre Leute wiederum gesponsert haben – bis in die Unendlichkeit. Die Downline wird auch als Ihre Organisation bezeichnet.

Sideline (*Seitenlinie*)

In der Sideline befinden sich Leute, die weder in Ihrer Upline noch in Ihrer Downline sind. Eine Person in der Sideline könnte von Ihrem Sponsor gesponsert sein – und so etwas wie eine Kusine sein – oder sie könnte von einer ganz anderen Person gesponsert sein. Hauptsache ist, daß sie nicht in Ihrer Upline oder Downline ist.

Breite und Tiefe

Die Breite bezieht sich auf die von Ihnen gesponserten Personen, während die Tiefe die von Ihren Leuten gesponserten Personen darstellt. Die Breite geht in die Breite – und die Tiefe geht in die Tiefe.

Wie funktioniert Network Marketing?

Ich sagte bereits, daß es im Network Marketing keine Mittelsmänner und keine Großhändler gibt. Sie sind der Verteiler, der vom Hersteller kauft und an die Endverbraucher (Ihre Kunden) verkauft. Im Laufe dieses Prozesses laden Sie andere dazu ein, sich dem Team anzuschließen. Das kann in Form eines persönlichen Gesprächs sein, oder im Rahmen eines Treffens mehrerer Leute bei Ihnen zu Hause oder in einem Hotel. Für manche Leser, die die globalen Möglichkeiten dieses Geschäftes erkennen, wird die Einladung Konferenzschaltungen, Videoaufzeichnungen und Kassettenprogramme enthalten, die über die gesamte Breite des Landes und über die Grenzen hinweg verteilt werden. Ihr Erfolg hängt nur von Ihrem Glauben und Ihrer Vision ab.

Wie wird man bezahlt?

Später einmal werden die persönlichen Belohnungen dieses Geschäfts vielleicht im Vordergrund stehen, doch zur Zeit wollen wir uns der finanziellen Belohnung widmen. Wie bei jedem Geschäft von zu Hause aus, gibt es auch hier verschiedene Einkommensquellen, wovon einige vielleicht nicht ganz so eindeutig sind. Eine der ersten Einkommensquellen liegt in dem Geld, das Sie nicht ausgeben. Sie müssen keine Geschäftsräume anmieten, keine Mitarbeiter einstellen und keine Lohnnebenkosten zahlen. Außerdem ersparen Sie sich das Kopfzerbrechen darüber, alle glücklich zu machen und noch Gewinn zu erzielen.

Eine weitere Möglichkeit, Geld zu machen, liegt in der sorgfältigen Buchführung. Die vielen Steuervorteile und Abschreibungsmöglichkeiten zu entdecken ist zwar harte Arbeit, doch der Gewinn kann erheblich sein. Führen Sie ein Fahrtenbuch, und heben Sie alle Quittungen auf, die mit Ihren Präsentationen zu Hause zusammenhängen (Erfrischungen, Aufbaukosten). Schreiben Sie auf, wie viel Sie für die Produkte und andere Materialien ausgeben, die Sie während Präsentationen einsetzen. Zählen Sie alle Kosten zusammen, die Ihnen auf Reisen entstehen: Flugtickets, Hotel, Essen, Reinigung, Konferenzräume, Produkte, Werbegeschenke. Lassen Sie sich vom Finanzamt unterstützen, statt ewig nur Ihren Geldbeutel zu öffnen. Suchen Sie einen guten Steuerberater, einen, der etwas vom Network Marketing versteht. Fragen Sie erfolgreiche Leute in Ihrem Unternehmen, wer ihr Steuerberater ist.

Im Network Marketing werden Sie nicht für das Rekrutieren bezahlt, sondern dafür, daß Sie Produkte bewegen. Deswegen spielen die Produkte eine so wichtige Rolle im Aufbau Ihres Geschäftes. Wenn Sie noch auf der Suche nach einem Unternehmen sind, dann wählen Sie eines aus, das Produkte herstellt, die Sie und Ihre Kunden gerne verwenden und die Sie ziemlich häufig nachbestellen müssen. Das ist noch eine Möglichkeit, Geld zu machen beziehungsweise einzusparen. Sie kaufen Ihre Produkte zum Großhandelspreis ein und sparen entsprechend viel Geld. Da Sie immer mehr Leute dazu einladen, Ihrem Unternehmen beizutreten, ist davon auszugehen, daß Ihr Produktumsatz entsprechend ansteigen wird. Wenn Sie sich allein auf Ihre eigenen Anstrengungen verlassen müßten, wäre Ihr Erfolg durch die Anzahl Ihrer täglichen Arbeitsstunden beschränkt. Das Thema »Vergütungsstruktur« greifen wir in einem späteren Kapitel auf.

Der Unterschied im Networking liegt darin, daß Sie von vielen anderen umgeben sind, die sich für Ihren Erfolg einsetzen. Sie werden es niemals zu einer Führungsposition bringen, solange Sie nicht anderen helfen, genauso erfolgreich wie Sie zu werden – oder sogar noch erfolgreicher. Das ist ein weiterer wichtiger Unterschied zwischen Networking und dem gefürchteten Schneeballsystem. Im Network Marketing kann jeder die Spitze erreichen, indem er sein Geschäft in die Breite und in die Tiefe erweitert. Die Möglichkeit zu haben, führende Persönlichkeiten zu übertreffen und sogar deren Ansporn dabei zu erleben, ist wirklich etwas Einmaliges. Ich kenne nicht allzu viele Unternehmen, wo der Hausmeister zum Präsidenten aufsteigen kann.

Investieren Sie Ihre Träume, um Ihr Geschäft aufzubauen

Es gibt kein Geschäft, auch nicht im Network Marketing, das sich sofort entwickelt und keine Entbehrung verlangt. Wie mit jedem Unternehmen müssen Sie auch hier die Lernkurve durchmachen. Ich mache Networking seit zwanzig Jahren, doch in den ersten fünfzehn Monate verdiente ich so gut wie gar nichts. Dies kann man nun wirklich nicht als Erfolg über Nacht bezeichnen. Schade, daß ich nicht für jeden begangenen Fehler einen Dollar beiseite gelegt habe – geometrisch gesehen wäre mein Vermögen ins astronomische gewachsen! Doch Networker haben immer Glück. In späteren Kapiteln werden Sie lernen, weshalb Sie auch für die erfolglos verlaufenen Kontaktaufnahmen bezahlt werden.

Eine der besten Investitionen im Network Marketing ist die Zeit, die Sie mit anderen verbringen, um ihnen bei der Verwirklichung ihrer Träume zu helfen. Der Erfolg Ihres Geschäfts hängt unmittelbar mit dem Erfolg der von Ihnen Gesponserten zusammen und jede Investition in deren Wohlergehen wird sich mehrfach auszahlen. Sie trainieren Ihre Fähigkeiten, wenn Sie anderen helfen, mehr über das Unternehmen und die Produkte zu lernen. Es ist eine bekannte Tatsache, daß Leute etwa 10% von dem behalten, was sie hören, 30% von dem behalten, was sie gleichzeitig hören und sehen, aber fast 90% von dem behalten, was sie anderen beibringen. Sie verbessern Ihre eigenen Präsentationsfähigkeit, während Sie anderen das Präsentieren beibringen. Ihre buchhalterischen Fähigkeiten verbessern sich automatisch, wenn Sie anderen beibringen, ihr Geschäft zu organisieren. Am Ende besteht Ihre Downline aus einer Gruppe von Personen mit verschiedenen Stärken und Fähigkeiten, von denen wiederum die gesamte Organisation profitieren kann.

Leistungsprämien und passives Einkommen sind andere Annehmlichkeiten, die häufig im Networking anzutreffen sind. Wenn Sie Ihr Geschäft gut und solide aufbauen, müssen Sie sich nie wieder um bezahlte Urlaubsreisen, wegen Krankheit entgangenes Einkommen oder gar um Kürzungen im Rentenalter sorgen. Ihre Upline und Downline unterstützen Sie, während Sie das Geschäft aktiv betreiben und die finanziellen Vorteile bleiben bis an Ihr Lebensende. Keine Angst mehr vor Entlassungen, Kurzarbeit oder wirtschaftlich schlechten Zeiten. Mit Networking können Sie von zusammengeschlossenen Ressourcen und Teamarbeit profitieren. Wenn Ihr Hauptanliegen darin besteht, andere ins Geschäft einzuführen, sie zu unterstützen und ihre Erfolge zu feiern, werden Sie mehr Jobsicherheit und finanzielle Freiheit genießen, als Sie jemals für möglich hielten.

Doch wer unterschreibt meinen Scheck?

Sie selbst! Sie bestimmen, wie viel Geld Sie in diesem Geschäft verdienen. Sie werden dafür bezahlt, Produkte zu bewegen, und dadurch generiert sogar Ihr Eigenverbrauch Geld. Ist der Gedanke, für das Verwenden Ihrer eigenen Produkte bezahlt zu werden, nicht geradezu phänomenal? Die Firma Proctor und Gamble zahlt ihren Angestellten keinen Pfennig, wenn sie das Geschirr mit Palmolive spülen. Sie können Ihre Hautpflegeserie, Ihr Gewichtsreduktionsprogramm oder Ihre Telefondienstleistung fördern, indem Sie die Produkte einfach selber verwenden. Viele Leute unterschreiben Ihren Scheck. Es sind die Kunden, die Sie gewonnen und die Berater, die Sie unterstützt haben. Diese Leute unterstützen und ermutigen Sie, und Sie sind ein Teil ihres Teams.

Je eher Sie lernen, Ihr Geschäft aufzubauen, indem Sie Ihre sorgfältig ausgesuchten Geschäftspartner aufbauen, um so mehr Geld verdienen Sie. Networking ist kein Geschäft des Gebens und Nehmens, sondern ein Geschäft des Gebens und Gebens. Praktizieren Sie die Prinzipien und Philosophien dieses Geschäfts und Sie entwickeln gleichzeitig eine starke Gruppe von Personen, die bereit sind zu geben, zu unterstützen und zu helfen. Ich werde oft gefragt: »Paula, wie viele Personen sind unter Ihnen?« Meine Antwort lautet: »Keiner ist unter mir, es sei denn, ich befinde mich auf einem Friedhof!«

Würde man mich fragen, wie viele Personen in der Organisation sind, so würde ich antworten: »Es gibt eine riesige Anzahl von begeisterten Geschäftspartnern, die mich unterstützen und ermutigen, und die ich unterstütze und ermutige; unsere Organisation spannt sich über 15 Ländern und setzt Produkte im Wert von Millionen um. Unsere Zahlen sind größer als jeder Sitzungszahl, und kein internationaler Geschäftsführer dieser Welt kann unsere gemeinsamen Leistungen übertreffen.«

Wieviel Geld kann man verdienen?

Jedes Network Marketingunternehmen hat einen anderen Vergütungsplan, und von daher ist es hilfreich, nach den besten finanziellen Möglichkeiten zu suchen. Einige Unternehmen zahlen eine Provision auf eine bestimmte Anzahl von Ebenen, während andere die auszuzahlende Provision anhand der Generationen berechnen. Obwohl es bei beiden Methoden auf den tatsächlichen Umsatz ankommt, sind Sie in der Regel besser dran, wenn Ihre Provisionen anhand der Generationen berechnet werden. In beiden Fällen verdienen Sie an der Tiefe Ihrer Organisation, also nicht nur an den von Ihnen persönlich gesponserten Beratern; von daher müssen Sie sich keine Sorgen machen, es könnte jemand in Ihrer Gruppe ohne Ihr Wissen zum Spitzenverdiener werden. Falls Sie sich Gedanken machen, wer innerhalb Ihrer Organisation groß herauskommen könnte, können Sie sich die Zeit sparen. Eines kann ich Ihnen sagen: diejenigen, die es Ihrer Meinung nach schaffen werden, schaffen es wahrscheinlich nicht, und umgekehrt. Geraten Sie niemals wegen eines vermeintlich angehenden Stars in Verzückung. Sie werden nur enttäuscht sein. Lassen Sie den Dinge Zeit, denn nur die Zeit wird es zeigen.

Ich habe Seminare auf der ganzen Welt veranstaltet, und die Erfahrung mit unrealistischen Erwartungen ist überall zu machen. Man kann nie wissen, wer im Network Marketing erfolgreich sein wird. Leute fragen mich sogar: »Paula, woran erkennst du, daß einer erfolgreich sein wird?«. Tatsache ist, daß ich es nicht erkennen kann. Schade, daß solche Leute nicht grüne Ohrläppchen haben, damit wir sie sofort erkennen können. Ich schätze, wir müssen uns wieder dem blinden Glauben zuwenden. Denken Sie daran, daß es ein Zahlenspiel ist. Verschwenden Sie keine Zeit damit, den Spitzenmann oder die Spitzenfrau zu suchen, denn Sie werden nur enttäuscht. Erzählen Sie Ihre Geschichte einfach weiter, machen Sie es gut genug, um solche Spitzenleute anzuziehen, und Sie werden einen Haufen Geld machen. Jeder gewinnt!

Erforderliche Fähigkeiten für den Erfolg im Network Marketing

Sie haben es wahrscheinlich schon eine Million Mal gehört, also wird noch ein Mal wohl keinen Unterschied machen – oder vielleicht doch? Die einzige wichtige Fähigkeit, die Sie für den Erfolg im Network Marketing brauchen, ist eine positive Einstellung. Wir können froh sein, in einem Land zu leben, in dem man in fast jeder Buchhandlung Bücher und Kassetten für die persönliche Weiterentwicklung kaufen kann. Doch warum entscheiden sich so viele Leute dazu, in ihrer Freizeit Klatschzeitschriften zu lesen, sich Horrorfilme anzusehen oder Musik zu hören, die Korruption und Selbstzerstörung verherrlicht? Auch diese Leute entwickeln eine Einstellung – doch wird sie ihnen Glück, Erfüllung und großartigen geschäftlichen Erfolg bringen? Natürlich nicht! Wenn Sie stets Negatives in sich aufnehmen, werden Sie letztlich auch so werden – negativ! Sie haben die Wahl. Wollen Sie eine positive

Einstellung, dann lesen, hören und sehen Sie Positives! Es ist vielleicht nicht so einfach wie Nikes Werbespruch »Just Do It«, aber es hat noch nie eine bessere Zeit gegeben, um Ihre persönliche, positive Kampagne zu starten.

Verstehen die Wichtigkeit der Einstellung

Ob positiv oder negativ, Ihre Einstellung hat einen großen Einfluss auf Ihre Fähigkeit, Leistung zu erbringen. Wenn Sie sich also nicht um eine bessere Einstellung bemühen wollen, nur weil sie es einfach nicht wollen, dann überlegen Sie doch einmal, wie Ihre Einstellung Ihre Leistungen beeinflußt. Raten Sie, was passiert, wenn Sie ständig herumsitzen, sich selbst bemitleiden und sich einreden, nie erfolgreich zu werden? Sie erfüllen Ihre eigene Prophezeiung.

Für viele von Ihnen wird diese Vorstellung zu extrem sein. Vielleicht ist Ihr Glaubenssystem nur ein wenig wackelig. Sie ruinieren sich doch nicht absichtlich; meistens *versuchen* Sie, positiv zu sein und Sie *hoffen*, erfolgreich zu werden. Tun Sie mir doch einen Gefallen! Schauen Sie sich die Worte an und sagen Sie mir, ob es die Worte einer, von sich selbst und ihren Fähigkeiten überzeugten Person sind. Es sind *vorsichtig* ausgesprochene Worte, die keine Macht besitzen. Ich erzähle Ihnen ein Gleichnis, um es zu verdeutlichen. Stellen Sie sich vor, Sie bekommen einen Herzinfarkt und fallen hin. Würden Sie sich von dem Hilfe wünschen, der sagt: »Ich hole schnell einen Krankenwagen!«? Oder von einem, der sagt: »Ich *versuche*, einen Krankenwagen zu holen«, oder »Ich *hoffe*, einen Krankenwagen holen zu können«? Finden Sie also Ihre Kraft und zeigen Sie sie in Ihrer Sprache.

Sie haben die Kontrolle – es ist Ihre Wahl

Gibt Ihnen dieser Satz ein Gefühl von Macht? Bedenken Sie, Sie haben die totale Kontrolle darüber, wie Sie sich fühlen und was Sie denken. Nachdem ich fünfzehn frustrierende Monate im Network Marketing verbracht hatte, war mir klar, daß ich meine Einstellung ändern mußte, um andere Ergebnisse zu erzielen. Zu dieser Zeit entwickelte ich eine »ganz oder gar nicht« Einstellung. Und es ist eine solche Einstellung, die in meinen Augen einer der Hauptgründe für den Erfolg in diesem Geschäft ist. Es ist viel einfacher, nach dem ersten »Nein« aufzugeben und sich einzureden, Network Marketing hätte für Sie nicht funktioniert. Doch bevor Sie das Handtuch werfen, müssen Sie sich eine Frage stellen. Fragen Sie sich: »Warum hat es für mich nicht funktioniert? Wie kann es sein, daß Hunderttausende dank Network Marketing unglaubliche Einkommen erzielen und ein erfülltes Leben genießen, aber ich nicht? Wieso schaffen sie es und ich nicht?«

Sind diese Spitzenleute schlauer als Sie? Manche schon – andere nicht. Hatten sie bessere Voraussetzungen als Sie? Manche schon – andere nicht. Haben sie bessere Fähigkeiten oder Naturtalente als Sie? Manche schon – andere nicht. Na und? All diese Dinge spielen keine Rolle. Was zählt, ist ihr schonungsloser Wille, erfolgreich zu sein. Diese Leute haben die »ganz oder gar nicht« Einstellung angenommen.

Lassen Sie sich keine Hintertür offen

Es ist Zeit, die Verantwortung für Ihre Leistungen zu übernehmen und etwas zu tun, um diese zu verbessern. Als Erstes sollten Sie einen Pakt mit sich selbst abschließen. Egal, was kommt, Sie werden sich keinen Ausweg lassen. Ihre Rückschläge werden Sie nicht anderen Personen oder Umständen anlasten. Stattdessen werden Sie den Mut haben, den negativen Einflüssen in Ihrem Leben gegenüberzutreten und alles Notwendige zu tun, um deren Auswirkung auf Ihre Zukunft zu besiegen.

Motivationstrainer raten oftmals, das Negative zu meiden. Wäre toll, wenn es machbar wäre, aber wir werden tagein, tagaus vom Negativen geradezu bombardiert. Um die negativen Einflüsse aus Ihrem Leben zu entfernen, müssen Sie mehr tun, als sie bloß zu ignorieren. Alle negativen Einflüsse aus der Welt zu schaffen, ist ganz einfach unmöglich. Sie können jedoch die Auswirkungen auf Ihr Privat- und Geschäftsleben minimieren. Wie? Stellen Sie sicher, daß Sie mindestens fünfmal mehr Positives als Negatives in sich aufnehmen. Wenn Sie sich das nächste Mal zum Fernsehapparat hingezogen fühlen, um sich die meist nur negativen Programme anzusehen, treffen Sie die bewußte Entscheidung, stattdessen ein Buch über persönliche Verbesserung zu lesen. Das nächste Mal, wenn Sie der schlechten Wirtschaftslage, den erhöhten Steuern, den unvernünftigen Forderungen anderer oder dem Wetter die Schuld an Ihren mangelnden Leistungen zuschieben wollen, halten Sie inne und schauen Sie sich selbst an. Wenn Sie sich fragen, warum Sie keinen Erfolg haben, liegt die Antwort sicher nicht darin, daß jeder außer Ihnen für den Erfolg vorgesehen wurde. Vielleicht sind Sie noch nicht soweit, die für den wirklichen Erfolg notwendigen Änderungen vorzunehmen. Ihr Geschäft wird sich jedoch dann verbessern, wenn Sie daran glauben, die Hauptrolle in Ihrem Streben nach Erfolg zu spielen, und Einsichten in Ihrer persönlichen Weiterentwicklung gewinnen wollen.

Machen Sie eine Bestandsaufnahme und arbeiten Sie an Ihrer persönlichen Weiterentwicklung

Der bekannte Redner und Philosoph Jim Rohn sagt, die wahren Erfolgreichen sind diejenigen, die mehr an sich selbst als an ihrem geschäftlichen Erfolg arbeiten. Wenn ich in den ersten fünfzehn Monaten so hart an mir selbst gearbeitet hätte wie an meinem Geschäft, hätte ich nicht so oft die gleichen Fehler gemacht. Plötzlich erkannte ich, daß ich selbst wachsen und mich ändern mußte, damit mein Geschäft wachsen und sich ändern konnte.

Das heißt nicht, daß Sie nicht mehr arbeiten und nur noch Kassetten anhören und motivierende Bücher lesen sollen. Lesen Sie ein wenig, hören Sie ein wenig zu, und setzen Sie es um. Um aus Theorie Wirklichkeit werden zu lassen, müssen Sie jeden Schritt so lange üben, bis er Ihnen in Fleisch und Blut übergegangen ist. Vorher müssen Sie herausfinden, was Sie zurückhält. Welche Dinge machen Sie gut und was müssen Sie verbessern? Doch das Wichtigste zuerst: Schauen wir uns Ihre Stärken und Schwächen an und nehmen Bestand auf.

Als ich im Network Marketing begann, hatte ich Verlangen und Ehrgeiz, doch meine Fähigkeiten im Umgang mit Menschen waren nicht die besten. Ich kam gut mit anderen aus, doch ich hatte Schwierigkeiten damit, Leuten in die Augen zu schauen, wenn ich mit Ihnen redete. Ich bin mir ziemlich sicher, daß es an meinem mangelhaften Selbstvertrauen lag. Als ich das als Problem erkannt hatte, entschloß ich mich, etwas dagegen zu tun. Ich nahm an einem Kurs mit dem Titel »Abenteuer Einstellung« teil, in dem man mir tatsächlich beibrachte, Leute anzuschauen. Ich entdeckte, daß Leute sich ernst genommen fühlten, wenn ich ihnen beim Reden in die Augen sah. Es war eine meiner wichtigsten Lehren. Augenkontakt ist unentbehrlich. Ich genieße es, Leuten durch Augenkontakt zu zeigen, wie wichtig sie mir sind, und wie sehr ich das, was sie mir sagen, schätze.

Es hört sich vielleicht simpel an, aber ich glaube, daß die Kleinigkeit, anderen nicht selbstbewußt in die Augen schauen zu können, mein mangelndes Selbstvertrauen noch verschlimmert hat. Wir verbinden die Unfähigkeit, anderen in die Augen schauen zu können, mit Ängstlichkeit, mangelndem Selbstvertrauen und, in manchen Fällen, mit Unehrlichkeit. Welchen Eindruck, meinen Sie, machte ich wohl auf die, die ich für meine Organisation gewinnen wollte? Wie konnte ich von anderen erwarten, an mich und meine Geschäftsgelegenheit zu glauben, wenn ich so wenig Selbstachtung hatte?

Anderen in die Augen zu schauen war nur ein Weg von vielen, mich zu verbessern und dadurch auch die Ergebnisse meines Network Marketinggeschäfts. Je länger ich an mir arbeitete, desto mehr glaubte ich auch an meinen Fähigkeiten, erfolgreich sein zu können. Je mehr ich glaubte, desto mehr glaubten auch andere an mich. Jeder will einer Führungspersönlichkeit folgen. Es war nicht etwas, daß ich am Anfang für eine Weile machte und dann aufgab. An sich selbst zu arbeiten ist ein lebenslanger Prozeß, der ein Leben lang Vorteile bringt.

Ich fordere Sie auf, mit der Bestandsaufnahme Ihrer Stärken und Schwächen zu beginnen. Machen Sie sich nicht fertig wegen Ihrer Schwächen, und ruhen Sie sich nicht auf den Lorbeeren Ihrer Stärken aus. Benutzen Sie Ihre Stärken dazu, Ihr Selbstbewußtsein aufzubauen, wenn eine Ihrer Schwächen Sie wieder hinabzuziehen droht. Wenn Sie Ihre Schwächen identifiziert haben, arbeiten Sie bewußt daran, um daraus Stärken zu machen. Das heißt nicht, daß Ihnen jene Dinge jetzt genauso viel Spaß machen werden wie die, mit denen Sie bislang keine Probleme hatten, aber zumindest werden Sie jenen nicht aus dem Wege gehen und dadurch Ihrem Geschäft schaden.

Jeder hat Schwächen. Sie sind es, die aus uns menschliche Wesen machen. Die meisten Menschen können Ihre Schwächen eher nachempfinden als Ihre Stärken. Es liegt in der Natur des Menschen, den Verlierenden anzufeuern, der unterlegenen Mannschaft zu applaudieren, Mitgefühl für den zu haben, der ein Problem mit Dingen hat, die auch uns schwerfallen. Haben Sie keine Angst davor, zuzugeben, daß Sie in bestimmten Bereichen Schwierigkeiten haben und daran arbeiten. Menschen bewundern die Ehrlichkeit und das offene Verhalten eines anderen, der ihrer Meinung nach etwas Besseres aus sich machen will und etwas dafür tut. Niemand mag Besserwisser oder solche, die sich für etwas Besseres halten, und wenn solche Leute erfolgreich sind, werden sie erfahren, daß es an der Spitze wirklich einsam sein kann.

Arbeiten Sie an den kleinen Dingen, und lassen Sie die kleinen Erfolge Ihnen das Selbstbewußtsein geben, die großen Dinge anzugehen. Jeder Sieg beschert Ihnen ein gutes Gefühl und läßt Sie zur Inspiration für andere werden. Wenn Sie wollen, daß die Mitglieder ihrer Organisation zu Studenten der Selbstverbesserung werden, dann gehen Sie mit gutem Beispiel voran. Erkennen und akzeptieren Sie, daß Sie nun einmal nicht perfekt sind, und es fällt Ihnen viel leichter, die Schwächen anderer zu akzeptieren und zu tolerieren.

Verstehen Sie bitte vor allem, daß Rückschläge zu überwinden erlernt werden muß, was wiederum ein Teil des Lernprozesses ist. Das ist es, was den wirklich erfolgreichen Networker von dem unterscheidet, der nur mittelmäßige Resultate erzielt. Der Profi steht auch dann wieder auf, wenn der andere liegenbleibt. Er lacht über sich selbst, wenn andere in der selben Situation vor Scham sterben würden. Er hat genauso viel Angst wie wir, aber er tut es trotzdem; er tut, was auch Sie tun müssen, um Ihre Hemmungen loszuwerden und Spitzennetworker zu sein. Und wenn er es tun kann – können Sie es auch.

Bevor Sie ein weiteres Kapitel lesen, verpflichten Sie sich, eine persönliche Bestandsaufnahme zu machen. Wählen Sie einen Ort und eine Zeit, zu der Sie nicht gestört werden, und setzen Sie sich mit einem Schreibblock hin, um Ihre Stärken und Schwächen aufzuschreiben. Wenn Ihre Liste fertig ist, schauen Sie sich Ihre

Stärken an und überlegen Sie, wie diese Ihnen in Ihrem Geschäft helfen können. Stellen Sie sich den Erfolg vor, den Sie aufgrund Ihrer Stärken erreichen werden. Dann werfen Sie einen ehrlichen Blick auf Ihre Schwächen. Überlegen Sie, wie diese Ihre Leistung negativ beeinflussen. Schreiben Sie auch diese Dinge auf. Nun überlegen Sie, wie Sie sie eliminieren können. Ich helfe Ihnen ein wenig dabei.

Als erstes teilen Sie Ihrer Upline mit, was Sie entdeckt haben, und bitten Sie um Ratschläge, wie Sie Ihre Schwächen überwinden können. Wenn Ihre Upline tut, was sie tun sollte, wird sie Ihnen Bücher und Kassetten nennen können, die Ihren Bedürfnissen entsprechen. Wenn nicht, gehen Sie weiter hinauf in der Upline, bis Sie einen Gleichgesinnten finden. Das ist das Tolle im Network Marketing. Könnten Sie sich vorstellen, zu Ihrem Vorgesetzten zu gehen, ihm von Ihren Schwächen zu berichten und um einen Rat zu bitten? Vielleicht – doch könnten Sie es tun, ohne um Ihren Job bangen zu müssen? Im Networking sind Ihre Sponsoren immer gerne bereit, Ihnen dabei zu helfen, das Beste aus sich herauszuholen. Denn deren Einkommen beruhen auf dem Erfolg Ihrer Leistungen. Ihnen zu helfen ist für sie eine Art Selbsthilfe. Vertrauen Sie mir, wenn Sie einmal erwähnen, daß Sie an einem bestimmten Charakterzug arbeiten, werden Sie mehr Empfehlungen für Bücher und Kassetten bekommen, als Sie sich vorstellen können. Vergnügen Sie sich! Und denken Sie daran: Sie haben die Wahl. Entscheiden Sie sich, das Abenteuer der Selbstentdeckung und Selbstverbesserung zu genießen.

Je mehr Sie sich selbst schätzen – umso mehr schätzen Sie andere

Network Marketing ist ein ›menschliches‹ Geschäft. Der Schlüssel zum Erfolg liegt darin, positive Gefühle anderen gegenüber zu entwickeln und diese auch zu zeigen. Wenn Sie an Ihrer persönlichen Weiterentwicklung arbeiten, werden Sie bald feststellen, daß Sie mit anderen besser kommunizieren. Wenn wir von Kommunizieren sprechen, denken wir meistens an das Reden, denn so kommunizieren wir am häufigsten. Doch es gibt eine zweite Seite des Kommunizierens – die des Zuhörens. Ich habe eine Freundin namens Elaine, die eine ausgezeichnete Gesprächspartnerin ist. Wenn ich darüber nachdenke, liegt es nicht daran, daß sie ständig redet. Was Elaine zu einer guten Gesprächspartnerin macht, ist nicht, was sie sagt, sondern was sie nicht sagt. Elaine weiß, wie man zuhört, und das ist ihre Stärke. Elaine hat das Zuhören zu einer Kunst entwickelt, und sie ist eine Meisterin darin. Sie schaut einem in die Augen, wenn man redet. Sie lächelt und lacht, wenn es passend ist. Sie beugt sich einem zu, wenn sie glaubt, man hat etwas besonders Wichtiges zu sagen. Hin und wieder stellt sie eine Frage oder nickt. Elaine beteiligt sich aktiv am

Gespräch, und die meiste Zeit verbringt sie damit, aktiv zuzuhören.

Eine weitere Eigenschaft von Elaines Art des Zuhörens ist das Gefühl, das es mir gibt. Anrufe von Elaine nehme ich immer an, auch wenn ich sehr beschäftigt bin. Ich genieße unsere Gespräche, und hinterher fühle ich mich energiegeladen und voller Enthusiasmus. Wenn sie spricht, sagt sie selten etwas Negatives über gemeinsame Freunde oder Bekannte, sondern sie spricht vielmehr über die positiven Dinge, die andere über mich sagen. Elaine ist mein Mentor für das Zuhören. Sie stellt dar, was ein Gesprächspartner sein sollte: ein guter Zuhörer.

Seien Sie offen und freundlich

Nun bekommen Sie langsam einen Geschmack vom verbesserten Selbstbewußtsein und bessere Lebensaussichten. Sie werden feststellen, daß Leute sich wegen Ihrer positiven Natur zu Ihnen hingezogen fühlen. Im Network Marketing ist es so: je freundlicher Sie sind, umso mehr Leute fühlen sich zu Ihnen hingezogen. Betrachten Sie es von einem geschäftlichen Standpunkt aus: Sie werden dafür bezahlt, freundlich zu sein und mit anderen zu reden. Sind Sie ein introvertierter Mensch, werden Sie die Änderungen, wie andere Sie wahrnehmen, genießen. Introvertierte Menschen werden häufig als ungesellig eingestuft. Wie schade, Geschäfte zu verlieren und bei anderen einen Eindruck der Gleichgültigkeit zu hinterlassen, wenn das eigentliche Problem im mangelnden Selbstbewußtsein liegt. Je mehr Sie sich bemühen, im täglichen Umgang mit anderen freundlich zu sein, umso mehr werden sich andere zu Ihnen hingezogen fühlen, und umso leichter wird es Ihnen fallen, über Ihr Geschäft zu reden.

Wenn eine mangelhafte Einstellung, ein mangelndes Selbstbildnis und mangelndes Selbstbewußtsein Sie bislang davon abgehalten haben, auszugehen und sich mit anderen zu treffen, werden die Veränderungen, die sich aufgrund des Lesens dieser Kapitel und anderer Weiterentwicklungsbücher in Ihren privaten und geschäftlichen Beziehungen einstellen, geradezu unglaublich sein. Es wird jedoch nicht einfach sein. Sie werden gegen sich selbst kämpfen müssen, um Ihre Schwächen zu überwinden.

Am Anfang sollten Sie nicht versuchen, mit Riesenschritten voranzukommen, sondern mit kleinen Schritten, bis Sie soweit sind, den nächsten größeren Schritt zu nehmen. Ich verspreche Ihnen: Sie können erreichen, woran auch immer Sie glauben. Schauen Sie sich Säuglinge an beim Versuch, das Laufen zu lernen. Springen sie sofort auf und laufen herum, wenn sie gerade erst das Krabbeln gelernt haben? Natürlich nicht! Säuglinge ziehen sich hoch, Knie um Knie, Fuß um Fuß, bis sie stehen. Wenn sie endlich alleine aufrecht stehen, ist der Ausdruck des Erstaunens und des Glücks auf ihren Gesichtern geradezu berauschend. Das gleiche Gefühl werden Sie erleben, wenn Sie sich zum ersten Mal aufraffen, mit einem anderen Menschen zu reden, der in der gleichen Schlange im Supermarkt wartet wie Sie. Setzen Sie sich das Ziel, einfach mit anderen zu reden: das allein ist schon ein Sieg. Sprechen Sie mit anderen auf dem Sportplatz. Sprechen Sie mit anderen in Restaurants, in Kaufhäusern und wenn Sie irgendwo in einer Schlange stehen. Dabei müssen Sie nicht über Ihr Geschäft reden. Üben Sie, freundlich zu sein und lernen Sie, zu kommunizieren.

Behalten Sie die Dinge im richtigen Verhältnis

Wenn Sie gelernt haben, Network Marketing als Abenteuer zu betrachten, werden Sie zum Entdecker. Sie lernen nicht nur, sich selbst zu verbessern und Ihr Geschäft zu vergrößern, sondern auch, diesen Entdeckergeist in anderen zu schätzen. Statt Ihr Geschäft einzuschränken, werden Sie Ihre Geschäftsgelegenheit Leuten anbieten, die Sie bislang übersehen haben. Sie erkennen, daß es nicht eine einzige Person gibt, die nicht zumindest die Gelegenheit erhalten sollte, Ihre Geschichte zu hören und für sich zu entscheiden, ob es etwas für sie ist oder nicht. Ob Geschäftsführer, Sekretärin, Arzt oder Hausmeister – jeder verdient es, von den Möglichkeiten des Network Marketings zu erfahren.

Ich erinnere mich an ein Telefongespräch, das ich mit einer Telefonwerberin wegen eines Produktes führte. Diese Person war so positiv, so energisch, daß es anstekkend war. Ich dachte mir, wie gut sie im Network Marketing sein würde. Ich machte ihr ein Kompliment über ihre offensichtlichen Fähigkeiten am Telefon und ihre ansteckende Persönlichkeit. Ich erzählte ihr, daß ich nach jemandem mit ihren Talenten suchte. Ich fragte sie, ob sie anderen Gelegenheiten gegenüber aufgeschlossen sei. Sie fragte mich, was es sei, und ich erzählte es ihr: »Persönlichkeitsentwicklung – anderen zu helfen, die zwischenmenschlichen Fähigkeiten zu erlernen, die für Sie selbstverständlich sind. Die Vergütung enthält Freiheit, unbegrenztes Einkommen und eine positive Umgebung.« Weiter sagte ich, es würde zu lange dauern, es am Telefon zu erklären. Wir verabredeten uns. Sie fand es aufregend, stieg ein und war sehr erfolgreich.

Werden Sie motiviert – und motivieren Sie andere

In einem seiner Seminare spricht Motivationstrainer und Philosoph Jim Rohn vom ›Nicht viel Syndrom‹. Darin geht es darum, einen Erfolgsplan zu entwickeln und danach zu arbeiten. Ich möchte Ihnen davon erzählen, denn es geht darin um Leute, die dazu neigen, anderen Personen oder Umständen die Schuld für ihre Fehler zuzuschieben. Wenn Sie sich mit jenen identifiziert haben, die die Regierung, die Steuern oder sogar das Wetter für ihr eigenes Versagen verantwortlich machen, dann müssen Sie sich Rohn anhören. Er sagt in etwa:

Jim: *»Wie sehr wird Ihr Geschäft von sinkenden Steuern beeinflußt?« NICHT VIEL!*
»Wie sehr wird eine neue Regierung Ihr Geschäft beeinflussen?« NICHT VIEL!

(So bald Jim anfängt, solche Fragen zu stellen, die mit »NICHT VIEL« beantwortet werden, macht das Publikum bald mit und antwortet auf jede Frage mit »NICHT VIEL«). Dann stellt er die Fragen, die so viel Kraft in sich bergen:

Jim: *»Wenn Sie keine Motivation haben, einen Plan zu befolgen und auf andere zählen, für Sie zu planen, wie viel Mühe werden Sie sich geben, deren Plan zu befolgen?«*

Publikum: *»NICHT VIEL!«*

Jim: *»Und wenn Sie keinen Plan haben und den Plan eines anderen nicht befolgen wollen, wieviel weiter, glauben Sie, wird sich Ihr Geschäft entwikkeln und florieren?«*

Publikum: *»NICHT VIEL«*

Natürlich wird es nicht florieren. Wenn Sie nicht genügend motiviert sind, um Ihr Geschäft mit einem Plan zu entwickeln und Ihre Zeit so zu organisieren, daß Sie das Beste daraus machen können, dann können Sie genau das vom Network Marketing erwarten – nämlich NICHT VIEL. Die erste Person, die Sie motivieren müssen, sind Sie selbst. Und, wenn Sie es getan haben, dann raten Sie mal, was sich Ihnen in den Wege stellen wird – NICHT VIEL!

Verpflichten Sie sich, sich soviel Zeit wie nötig zu lassen, um erfolgreich zu werden

Bevor wir diesen Kapitel, in dem es um die Fähigkeiten geht, die Sie brauchen, um Spitzennetworker zu werden, verlassen, würde ich Ihnen gerne sagen, wie lange es dauern wird, bis Sie ganz oben sind. Leider gibt es jedoch keine Möglichkeit, dies zu erfahren. Einige von Ihnen werden vielleicht einen schnellen Start erleben. Wozu Sie nur eine Woche brauchen, kann bei einem anderen einen Monat dauern, oder vielleicht ein Jahr. Doch eines kann ich Ihnen versprechen: Wenn Sie nicht aufgeben, wenn Sie wirklich an Ihren Erfolg in diesem Geschäft glauben, und wenn Sie Pläne machen, sich Ziele setzen und hart daran arbeiten, werden Sie es schaffen.

Network Marketing ist kein Rennen. Manche Leute müssen ein wenig mehr an sich arbeiten, während sie ein Geschäft aufbauen. Andere bringen bessere Fähigkeiten im Umgang mit Menschen mit. Wiederum andere lernen das Zahlenspiel schneller als ihre Zeitgenossen. Einige lernen schnell, ihrer Upline zu vertrauen. Wenn Sie Network Marketing als ein Rennen betrachten, lassen Sie zu, daß es in diesem Rennen einen Verlierer geben könnte – und dieser Verlierer könnten Sie sein. Sehen Sie Network Marketing lieber als einen Kreis der Ermutigung, eine Spirale der Erreichung, eine Leiter der Errungenschaften. In diesem Kreis drückt Ihnen jeder ermutigend die Hand. In der Spirale der Erreichung breitet sich Ihre Downline aus. Auf der Leiter der Errungenschaften gibt Ihnen Ihre Upline die Hand, um Sie auf die nächste Stufe hinaufzuziehen. Es gibt kein Ende, nur Wachstum und Genuß.

Ich bin bereit – wie fange ich an?

Diesen langen Weg haben wir nur deswegen zurückgelegt, um Sie auf den Anfang im Network Marketing vorzubereiten. Ihr erster Schritt besteht darin, sich bei einem Unternehmen registrieren zu lassen. Es handelt sich dabei um eine Formalität, damit Sie im Computersystem eingetragen und Ihrem Sponsor zugeordnet werden. Noch wichtiger ist, daß das Registrieren die rechtmäßige und ordentliche Zustellung Ihrer Provisionen sicherstellt. Das macht das Ausfüllen des Antrages wesentlich einfacher, nicht wahr?

Das Starterset

Etwa zur selben Zeit werden Sie ein Starterset erhalten. Es ist ungefähr wie das Buch »*Alles, was Sie schon immer über Sex wissen wollten, aber nie zu fragen wagten*«. Nun, das Starterset enthält wahrscheinlich alles, was Sie jemals über das Unternehmen und das Produkt wissen wollten. Ein Schlüssel zum Erfolg im Network Marketing liegt darin, alles duplizierbar zu machen. Es ist wichtig, daß das auch auf das Starterset zutrifft. Wenn jeder das gleiche Starterset erhält, wissen Sie, daß es duplizierbar ist.

Ich schlage vor, daß Ihr Sponsor dem Starterset eine Checkliste beifügt. Es geht um eine »Bloß nicht vergessen« Checkliste für den Geschäftsanfang. Meine Checkliste erstreckt sich nur über eine Seite. Wenn alle dieses Blatt verwendet, ist sichergestellt, daß sie die selben Informationen vom neuen Berater bekommen.

CHECKLISTE FÜR NEUE BERATER

ZIEL

Fangen Sie an, neue Ziele für Ihr Geschäft zu formulieren, indem Sie die nachfolgenden Fragen beantworten.

- Was wollen Sie? (Einkommen, Lebensart, etc.)
- Wann wollen Sie es?
- Was geben Sie dafür? (Zeit, Geld & Energie)

DINGE, DIE ZU TUN SIND

	TERMIN	FERTIG AM
• Starterset kaufen	________	________
• Erstbestellung von Produkten und Literatur	________	________
• Bestellung von Videos/Kassetten für das Training/Sponsern	________	________
• Konferenzschaltung einrichten	________	________
• Visitenkarten bestellen	________	________
• Termin zur Geschäfts-planung vereinbaren	________	________
• Zeitplan für Beratertraining und andere Veranstaltungen	________	________

WAS SIE BENÖTIGEN

- Kalender/Zeitplaner
- Anrufbeantworter
- Tragbarer Kassettenrekorder
- Faxgerät

TERMIN FÜR DIE GESCHÄFTSPLANUNG

- Was Sie benötigen: Kassettenrecorder, Kalender/Zeitplaner und Kontaktliste

Achtung:

- Warten Sie bis erst den Termin zur Geschäftsplanung ab, bevor Sie mit anderen über Ihr neues Geschäft reden.

Kassettenrecorder

Ein Kassettenrecorder ist eine Notwendigkeit in diesem Geschäft des Lernens. Wie sollen Sie erlernen, was Ihre Mentoren erfolgreich machte, wenn Sie es sich nicht anhören, aufzeichnen, aufschreiben, merken und duplizieren? Ich habe schon einmal erwähnt, wie beharrlich ich war, wenn es darum ging, die Aussagen meiner Mentoren aufzuzeichnen. Eigentlich war ich auch ein wenig mehr als nur beharrlich. Ich war besessen. Ich wollte mir kein einiges Wort entgehen lassen. Bedenken Sie: ein einziger gesprochener Satz kann Ihr Leben verändern, und wenn er ausgesprochen wird, sollten Sie nicht ohne Kassettenrecorder sein.

Tagesplaner

Der Sinn eines Tagesplaners ist, Ihre täglichen Termine festzuhalten. Ich möchte ein paar weitere Anwendungen vorschlagen. Kaufen Sie sich einen Tagesplaner mit integriertem Fahrtenbuch. Es ist viel einfacher, wenn Sie das Fahrtenbuch ständig bei sich haben. Ein weiteres Muß ist ein Abschnitt für Telefonnummern mit Platz für Eintragungen über Ihr letztes Treffen oder die letzte Unterhaltung.

Der Tagesplaner hält Ihnen die zehn wichtigsten Aufgaben des Tages vor Augen – vielleicht seine produktivste Aufgabe. Ich finde diese täglichen Checklisten ungeheuer wichtig. Wenn ich das Gefühl habe, für heute aufhören zu müssen, sehe ich mir meine Checkliste an. Habe ich nur noch zwei Dinge auf meiner Liste zu tun, versuche ich, sie zu erledigen, damit ich alles abhaken kann. Es ist eine Darstellung Ihrer Tagesleistungen, und es zeigt Ihnen, ob Sie schlechte Angewohnheiten entwikkeln. Zum Beispiel: wenn ich das Beantworten meiner eingehenden Anrufe stets bis zum Abend lasse, kann es sein, daß ich zu müde sein werde; vielleicht sollte ich am Morgen damit beginnen, oder zwischendurch nach Hause kommen, um sie zu beantworten. Auf der anderen Seite, wenn ich mein Tagessoll immer wieder nicht erfülle, dabei aber entdecke, daß mein Terminplan vormittags leer ist, sollte ich vielleicht etwas ändern.

Wenn Sie sich auf einem eingefahrenen Gleis bewegen, wird Ihr Tagesplaner bestimmte Arbeitsmuster verraten. Wenn jemand in meiner Organisation schlechte Leistungen erbringt und es sich nicht erklären kann, bitte ich ihn, in seinem Tagesplaner nachzusehen. Der Tagesplaner lügt nicht! Setzen Sie sich am Abend hin, schreiben Sie die schwierigsten Dinge auf, und setzen Sie alles daran, sie zu erledigen. Das Aufschreiben dieser Dinge brennt sie in Ihr Unbewußtes ein; Ihr Unbewußtes hilft Ihnen dann, diese Dinge zu erledigen.

»Telefonische Optionen«

Ich empfehle Ihnen, sich einen zweiten Telefonanschluß legen zu lassen. Mit einem Zweitanschluß haben Sie immer dann Zugang zum Telefon, wenn Sie es geschäftlich nutzen wollen. Das moderne ISDN bietet viele Möglichkeiten, die dem Networker die Arbeit erleichtern. Die Konferenzschaltung erlaubt es Ihnen, mit zwei Personen gleichzeitig zu sprechen, zum Beispiel mit einem Mitglied Ihrer Downline und seinem Interessenten, der weiter entfernt wohnt. Sie können es auch dazu nutzen, mit zwei Personen Ihrer Upline oder Downline zu sprechen. Die Kosten halten sich in Grenzen und Sie haben den Vorteil, zwei Berater gleichzeitig trainieren zu können.

Die Rufumleitung ist ein weiterer Vorteil, wenn Sie kein Gespräch verpassen wollen. Stellen Sie sicher, daß Sie eingehende Gespräche überprüfen und beantworten können, wenn Sie geschäftlich unterwegs sind. In vielen Gebieten ist Voice Mail verbreitet, auch wenn einige Leute immer noch den Anrufbeantworter vorziehen. Mit beiden können Sie Ihre Anrufe kontrollieren, denn auch mit einem Anrufbeantworter können Sie von unterwegs Ihre eingehenden Anrufe kontrollieren. Anfangs mag dies nicht besonders wichtig erscheinen, doch das Telefon kann zu einem unkontrollierbaren Quell der Unterbrechungen in einem ansonsten produktiven Tag werden.

Voice Mail bietet einige Vorteile gegenüber dem Anrufbeantworter. Mit Voice Mail können Sie Ihre Nachrichten sortieren, ohne sich alle anhören zu müssen. Sie können Nachrichten mittendrin löschen oder zur nächsten springen. Mit einem Anrufbeantworter ist das nicht möglich. Außerdem bietet Voice Mail dem Anrufenden eine längere Gesprächszeit. So erhalten Sie keine Nachrichten, die plötzlich enden, ohne zum eigentlichen Thema gekommen zu sein.

Ich habe meiner Downline mitgeteilt, zu welcher Zeit es für mich passend ist, Anrufe anzunehmen. Natürlich habe ich mein Handy für Notfälle immer dabei. Oftmals sind Faxe die bessere Alternative, sofern keine sofortige Antwort benötigt wird. So können Sie dem Empfänger die Informationen mitteilen, ohne Zeit zu verschwenden, die Sie besser nutzen könnten – zum Beispiel, um neue Leute zu kontaktieren und zu treffen.

Die letzte der neuen Benachrichtigungsmethoden, die mit Telefonleitungen in Verbindung gebracht werden, ist die elektronische Post, besser bekannt als »E-mail«. Geschätzte 200 Millionen E-mails werden täglich verschickt. Um E-mail verwenden zu können, brauchen Sie einen Computer, ein Modem (oder ISDN-Karte) und die Verbindung zum Internet über einen »Provider«. Meine E-mails sind meistens kurz und bündig und sparen mir viel Zeit – so muß ich nicht jede Person einzeln anrufen und höfliche Gesprächsfloskeln austauschen. Obwohl nicht jeder Zugang zum E-mail hat, gehen Statistiken davon aus, daß es bis Ende 1999 etwa 150 Millionen E-mailadressen geben wird. Ein weiterer, großer Pluspunkt von E-mails sind die geringen Kosten, auch wenn Sie große Dokumente über das Internet versenden (siehe auch: »The Death of Distance« [Der Tod der Entfernung] von Frances Faircross, pp. 103—105).

Das Faxgerät

Eine der wirkungsvollen Kommunikationsmethoden ist das Faxgerät. Allein des Geldes wegen, das Sie einsparen, wenn Sie Faxe senden statt zu telefonieren, lohnt sich die Anschaffung eines Faxgeräts. Ähnlich der E-mail kann Ihnen ein Faxgerät viel Zeit am Telefon ersparen, wenn Sie vielen Leuten etwas mitteilen wollen, ohne mit jedem ein längeres Gespräch führen zu müssen. Außerdem unterbrechen Sie nicht den Tagesablauf anderer; Ihr Fax können kan gelesen werden, wenn Zeit dazu ist. Für mich ist das Faxgerät ein wichtiges zeitsparendes Instrument. Und denken Sie daran: Zeit ist Geld im Network Marketing.

Computeranlagen

Falls Sie noch keinen Computer besitzen, werden Sie diese Anschaffung vielleicht ein wenig hinausschieben müssen. In meiner Karriere bin ich größtenteils ohne Computer ausgekommen, doch die Zeiten ändern sich. Mit einem Computer läßt sich Ihr Geschäft besser organisieren und verwalten, also sollten Sie sich mit der Anschaffung eines Computers auseinandersetzen. Wenn Sie bereits einen Computer besitzen, empfehle ich Ihnen dessen Verwendung als Faxgerät und zum E-Mail Versand (sofern Sie Zugang zum Internet haben). Wie bereits erwähnt, Zugang zum Internet bekommen Sie mit einem Computer und einem Modem. Das Kommunizieren mit Kontaktpersonen über das Internet ist ein ganz anderes Spiel, doch es gewinnt zunehmend an Bedeutung. Viele Networker kommunizieren untereinander und mit ihren Unternehmen via E-mail. Mit einem Computer können Sie einen elektronischen Tagesplaner verwenden und Ihren Plan für den Tag ausdrucken. Das ACT Softwareprogramm von Norton ist gut, doch ich ziehe es vor, meinem Tagesplaner handschriftlich zu führen und immer bei mir zu haben. Mit einem Laptop können Sie einen elektronischen Tagesplaner auch ständig bei sich haben. Wenn Sie Ihre Geschäfte mit einem Computer einmal organisiert haben, werden Sie sich fragen, wie Sie ohne Computer ausgekommen sind.

Lernmaterial

Einige der wichtigsten Materialien, die Sie besitzen können, befinden sich in Ihrer Bibliothek. Sie haben noch keine? Dann sollten Sie jetzt beginnen, jene Bücher und Kassetten zu sammeln, die Sie unterrichten, unterstützen, motivieren und unterhalten. Mir ist bewußt, daß viele Leute einfach nicht die Zeit haben, viel zu lesen. Doch wenn Sie jeden Abend ein paar Seiten vor dem Schlafengehen lesen, werden Sie erstaunt sein, wie viele Bücher Sie innerhalb eines Jahres lesen können. Falls ein Buch als Hörbuch auf Kassette erhältlich ist, finden die meisten Leute Zeit für das Anhören, wenn sie im Flugzeug, im Auto oder beim sportlichen Training sind. Einige meiner Lieblingsbücher sind ›Entdecken Sie Ihre Möglichkeiten‹ von Schuller, ›Denke nach und werde reich‹ von Napoleon Hill, sowie ›Die Kraft des positiven Denkens‹ von Norman Vincent Peale. Wenn Sie gutes Lesematerial entdecken wollen, dann finden Sie ein Buch, das Ihnen besonders gefällt, und schauen Sie im biographischen Teil nach einer Liste verwandten Lesematerials. Fragen Sie außerdem Ihren Sponsor oder Ihre Upline, welche Titel sie stimulierend und motivierend finden.

Tragen Sie wenigstens ein Exemplar von allen Produkten Ihres Unternehmens bei sich

Wie wollen Sie einem potentiellen Kunden erklären, welches Produkt für ihn am besten wäre, wenn Sie nicht alle Produkte Ihres Unternehmens persönlich ausprobiert haben? Diese Methode wird von jedem Unternehmen empfohlen. Stellen Sie sich vor, Sie betreten ein McDonald's Restaurant und stellen fest, der Inhaber führt keinen Big Mäc. Lassen Sie uns annehmen, der Inhaber hat noch nie einen Big Mäc probiert, weil er den Preis als zu hoch für die Kundschaft einschätzt. Wie lange würde es Ihrer Meinung nach dauern, bis McDonald's sich von diesem Inhaber trennt? Kellner probieren verschiedene Gerichte aus, um ihre Kundschaft besser beraten zu können. Bibliothekare lesen viele verschiedene Bücher, damit sie dem nach einem bestimmten Lesestoff Suchenden passende Autoren und deren Werke empfehlen können.

In diesem Bereich sollten Sie wirklich nicht am falschen Ende sparen. Haben Sie keine Angst davor, in Ihr Geschäft zu investieren. Wenn Sie zu engstirnig sind, um zu verstehen, daß Ihr Unternehmen eine breite Produktpalette anbietet, damit Sie individuelle Vorlieben befriedigen können, werden Sie keine glaubwürdige Geschichte erzählen, keine Produkte bewegen und keine neuen Geschäftspartner gewinnen können. Probieren Sie also alle Produkte aus. Verwenden Sie, wenn möglich, alle

Produkte regelmäßig. Und stellen Sie sicher, daß Ihre Kunden alle Produkte bestellen können.

Das Starterset sollte eine große Hilfe beim Kennenlernen der Produkte sein, denn es sollte ausführliche Informationen über alle Produkte enthalten. Außerdem sollte es die Geschichte Ihres Unternehmens enthalten. Verwenden Sie diese Geschichte als Hintergrundinformation, um Ihre Geschichte zu erzählen. Welche Geschichte? Nun, manche werden es wohl als »Verkaufsspiel« abtun, doch in Wirklichkeit ist Ihre Geschichte viel mehr als das. Sie sind Ihre Geschichte. Wie Sie über Ihr Unternehmen und die Produkte denken, und wie Sie die Geschäftsgelegenheit und ihre Zukunft sehen. Versuchen Sie, Ihrem Interessenten das ›ganz große Bild‹ des Unternehmens zu vermitteln. In der Geschichte des Unternehmens sollten sich Informationen befinden, die die Philosophie und die Geschäftspraktiken des Unternehmens illustrieren. Informationen zum Marketingplan sollten Sie ebenfalls haben, doch machen Sie sich anfangs keine allzu großen Sorgen um dieses Thema. Ihr Sponsor wird Ihnen alle Details des Marketingplans erklären, und Sie werden den Plan stetig besser verstehen, während Sie im Unternehmen wachsen.

Der Termin zur Geschäftsplanung

Sobald Sie Ihr Starterset erhalten haben, sollte ihr Sponsor einen Termin zur Geschäftsplanung mit Ihnen vereinbaren. Es ist wichtig, daß Sie beide Geschäftsmöglichkeiten verstehen, die Network Marketing anbietet: Sie können entweder nur die Produkte anbieten, oder die Produkte und die Geschäftsgelegenheit anbieten.

Der Produktverkauf

Viele Leute, die ins Network Marketing einsteigen, haben kein Interesse daran, andere zu rekrutieren, sie wollen lediglich die Produktlinie anbieten. Ob als Voll- oder Teilzeitbeschäftigung – mit dem Anbieten der Produkte können Sie ein beträchtliches Einkommen erzielen. Nur eines sollten Sie bedenken: wenn Sie nur die Produktlinie anbieten wollen, verdienen Sie nur dann Geld, wenn Sie Produkte verkaufen. Irgendwann werden Ihre Einkommensmöglichkeiten an eine Grenze stoßen. Wollen Sie größere Gewinne erzielen, müssen Sie bereit sein, andere ins Geschäft einsteigen zu lassen.

Die Gelegenheit der Unternehmensexpansion

Das Tolle am Network Marketing ist, daß Sie Ihr Geschäft schon am ersten Tag expandieren können. Ist das nicht erstaunlich? Schon am ersten Tag können Sie einen anderen rekrutieren. Beginnen Sie das Geschäft mit ein paar Freunden, wobei der eine den anderen sponsert, und so weiter. So kommen Sie der Position näher, die Ihnen eine höhere Provision einbringt, und Sie haben einen Freund dabei, der das gleiche erlebt wie Sie. Die Geschäftsexpansion, oder das Einladen anderer, Ihrer Organisation beizutreten, eröffnet Ihnen unbegrenzte Möglichkeiten, Ihr Einkommen durch Provisionen und Bonuszahlungen zu erhöhen. Ihr Einkommen ist dann nicht auf Ihre persönlichen Verkaufstätigkeiten beschränkt. Passives Einkommen ist eine tolle Sache!

Bedenken Sie: Hier geht es nicht um ein Arbeitgeber-Arbeitnehmer-Verhältnis. Niemand zieht dem anderen Geld aus der Tasche. Eine Hierarchie ist es auch nicht. Ich hasse es, wenn Leute von denen »unter sich« sprechen, als wären sie Untergebene. In diesem Geschäft laden wir andere ein, mit uns Seite an Seite im großen Rennen mitzulaufen. In diesem Rennen können alle gewinnen. Damit Sie alles verstehen, was während der Geschäftsplanung passiert, werden wir es Schritt für Schritt durchgehen.

1. Schritt: Die Beziehung erklären

Ihr Sponsor sollte Ihnen die Beziehung erklären, die Sie miteinander eingehen. Jeder sollte sich über seine Rolle in der Beziehung im Klaren sein. Die Rolle Ihres Sponsors besteht darin, Wissen über das Geschäft und die für Ihre Geschäftsplanung notwendige Zeit zum Termin mitzubringen. Ihre Aufgabe ist es, Ihre Kontakte zu benennen und die Glaubwürdigkeit, die Sie bei diesen Personen genießen, zu belegen. Die Beziehung sollte von gegenseitigem Respekt geprägt sein; eine Beziehung, in der Sie Ihren Sponsor um Hilfe bitten können. Sie sollen ihn aber nicht mit Ausreden und Beschwerden plagen, Sie hätten Ihre Ziele nicht erreicht. Legitime Sorgen unterscheiden sich sehr von dauernden Beschwerden. Ein Sponsor, der sich wirklich um Sie sorgt, wird nicht zulassen, daß Sie sich in diese Falle begeben. Er oder sie wird Ihnen raten, mit Ihren Beschwerden aufzuhören und das zu tun, was Sie sich selbst versprochen hatten. Wie gesagt, es ist kein Arbeitgeber-Arbeitnehmer-Verhältnis. Sie und Ihr Sponsor sind selbständige Unternehmer – jeder hat ein eigenes Geschäft, aber keiner arbeitet allein.

Die Zeit, die Sie mit Ihrem Sponsor verbringen, sollte eine für Ihren Geschäftsaufbau lehrreiche Zeit sein. Schauen Sie Ihrem Sponsor in allen Geschäftsbereichen zu. Zeichnen Sie Präsentationen auf, schreiben Sie auf und merken Sie sich, was gesagt und getan wurde, und üben Sie, den Erfolg Ihres Sponsors zu duplizieren. Werden Sie so gut darin, Ihren Sponsor nachzuahmen, daß seine Worte und Aktivitäten Ihnen in Fleisch und Blut übergehen. Versuchen Sie nicht, den Dingen Ihren persönlichen »Schliff« zu geben und daraus eine große Schau zu machen; dadurch beschränken Sie die Möglichkeiten des Duplizierens.

2. Schritt: Den Marketing- und Vergütungsplan verstehen

Alles darin müssen Sie zwar nicht verstehen, aber auf jeden Fall sollten Sie die Qualifizierungen verstehen, die Sie zum Erreichen der nächsten Ebene oder Position benötigen, die Ihnen erhöhte Provisionen und Boni bringt. Die ersten neunzig Tage bestimmen das Tempo und das Fundament Ihres Geschäftes. Nutzen Sie die Energie und die Begeisterung Ihrer ersten neunzig Tage. Den Marketingplan zu kennen kann Ihnen helfen, den Spielverlauf für die erste Zeit zu planen.

Maximieren Sie Ihr Einkommenspotential, indem Sie die Anfänge voll ausnutzen. Es macht nichts, wenn Sie bereits mehr als neunzig Tage dabei sind und dieses Buch jetzt erst lesen. Ihr Neunzig-Tage-Schub kann jederzeit stattfinden, wenn Sie sich dazu entschlossen haben. Der Grund, weshalb die ersten neunzig Tage als so wichtig erachtet werden, ist, daß die meisten Networker in dieser Zeit die meisten Kontakte und die größte Begeisterung haben. Es hat immerhin noch keiner »Nein« gesagt.

3. Schritt: Überarbeiten Sie Ihre Träume und Ziele mit Ihrem Sponsor

Eines der wichtigsten Dinge, die Sie am Anfang tun können, ist, Ihrem Sponsor von Ihren Träumen und Zielen zu erzählen. Nehmen wir als Beispiel an, ich hätte drei Personen gesponsert: die erste will ihr Einkommen aufbessern, indem sie mit einer Teilzeitbeschäftigung monatlich $500 hinzu verdient, während die anderen beiden mit Vollzeitarbeit $5.000 beziehungsweise $10.000 im Monat verdienen wollen. Wenn ich allen den gleichen Geschäftsplan gebe, wird sich eine Person überarbeitet und ausgebrannt fühlen, während die anderen sich unterbezahlt und von der Geschäftsgelegenheit enttäuscht fühlen. Von daher ist es hilfreich, wenn Sie vor dem Treffen mit Ihrem Sponsor eine Liste Ihrer Träume und Ziele anfertigen. Stellen Sie sich vor, wie Sie in fünf Jahren leben möchten. Wo würden Sie gerne wohnen? Wie würde Ihr Auto, Ihr Heim, vielleicht sogar Ihre Jacht aussehen?

Wenn Sie alle Träume und Ziele zu Papier gebracht haben, überlegen Sie, welche am wichtigsten sind. Dann überlegen Sie, welche durch Network Marketing erreicht werden können. Ein ganz bestimmtes Ziel ist das Einkommen, das Sie in den nächsten zwölf Monaten verdienen wollen. Dieses Ziel bestimmt, mit wie vielen Leuten Sie sprechen und wie Ihre Aktivitäten aussehen müssen, um dieses Einkommen zu erreichen.

4. Schritt: Besprechen Sie die Entwicklung Ihrer Downline

Wie sollen Ihre Geschäftspartner sein? So, wie Sie mit Ihrem Sponsor zusammenarbeiten, um Ihr Geschäft zu entwickeln, so werden Sie sich auch Ihre Geschäftspartner aussuchen. Wen werden Sie an diesem Geschäft teilhaben lassen? Wie werden Sie sie kontaktieren?

5. Schritt: Formulieren Sie Ihren Plan

Schauen Sie sich mit Ihrem Sponsor die erste Ebene an, die Sie erreichen wollen und überlegen Sie gemeinsam, wie und wann Sie sie erreichen werden. Sagen Sie Ihrem Sponsor, wieviel Zeit Sie dem Geschäft in den ersten neunzig Tagen widmen können. Wenn Sie Ihrem Sponsor ehrlich mitteilen, wieviel Zeit Sie investieren können, werden Sie gemeinsam realistische Ziele und Erwartungen erarbeiten können.

6. Schritt: Planen Sie neunzig Tage ein

Network Marketing funktioniert im Neunzig-Tage-Rhythmus, und von daher ist es sinnvoll, Ihre Zeit entsprechend einzuteilen. Hier sind einige Dinge, die Sie in Ihrem Kalender berücksichtigen sollten:

- ✔ Training für Berater
- ✔ Geschäftsbesprechungen oder Geschäftspräsentationen
- ✔ Satellitenübertragungen des Unternehmens (falls zutreffend)
- ✔ Veranstaltungen des Unternehmens oder anderer Berater
- ✔ Konferenzschaltungen

In den ersten neunzig Tagen müssen Sie so viele Veranstaltungen und Trainings besuchen wie möglich. Erstens vermitteln solche Veranstaltungen Ihnen und Ihren Beratern Wissen und Inspiration, und zweitens erfahren Sie mehr über neue Produkte und wie diese von anderen Beratern präsentiert werden. Erinnern Sie sich, als wir über Aufforderungen sprachen, die Ihr Feuer entweder entfachen oder löschen? Nun, die Teilnahme an Veranstaltungen hilft Ihnen, das Feuer der Begeisterung am Leben zu erhalten. Nehmen Sie Ihre Downline und machen Sie einen Ausflug daraus!

7. Schritt: Eine Bestellung aufgeben

Sie haben bereits festgelegt, welche Ziele Sie wann erreichen wollen. Nun sollten Sie Ihre Bestellung aufgeben, damit Sie für den Erfolg vorbereitet sind. Am Anfang brauchen Sie keine übermäßige Anzahl von Produkten, doch ich empfehle Ihnen, mindestens ein Exemplar jedes Produktes auf Lager zu halten. Einige von Ihnen werden sich, je nach Preis Ihrer Produkte, vielleicht jeweils zwei Exemplare besorgen: eines für den Selbstgebrauch und eines zum verkaufen. Wer bereits im Network Marketing tätig war, der weiß, daß das Kaufen und Verkaufen emotionale Angelegenheiten sind. Es empfiehlt sich, Produkte für den Spontankäufer parat zu haben. Niemand wartet gern auf Lieferung.

Es ist wie mit allem in diesem Geschäft: auch Ihr Geschäftsplanungstermin sollte duplizierbar sein. Wenn Sie bereits bei einem Unternehmen registriert sind, aber noch keine Geschäftsplanung durchgeführt haben, dann kontaktieren Sie Ihren Sponsor und bringen Sie den Ball ins Rollen. Passen Sie genau auf, wie es gemacht wird, und duplizieren Sie den Vorgang in Ihrer Downline. Verschiedene Sponsoren bei der Durchführung von Geschäftsplanungsterminen zuzusehen kann hilfreich sein.

Das Timing ist von größter Bedeutung. Sorgen Sie dafür, daß Ihr Termin zur Geschäftsplanung innerhalb von 48 Stunden nach Ihrer Registrierung stattfindet. Und machen Sie es genauso mit Ihren Beratern. Vergeht zuviel Zeit zwischen Registrierung und Geschäftsplanung, können Ihre Berater vom SZ-Syndrom (SZ = schleichende Zweifel) befallen werden, ähnlich dem bereuenden Käufer. Berater, die solche Gefühle entwickeln, neigen leider dazu, mit ihren eigenen Beratern ebenso umzugehen. Zeigen Sie Ihren Beratern, daß Sie genauso um deren Geschäft besorgt sind, wie es Ihr Sponsor Ihren geschäftlichen Anfängen gegenüber war. Ich gebe Ihnen einen kleinen Rat: in einer perfekten Welt würde Ihr Sponsor all diese Dinge innerhalb der geforderten Frist erledigen. Falls er es nicht geschafft hat, wenden Sie sich an eine andere Person Ihrer Upline. Sie machen ihr keine Umstände – im Gegenteil, sie profitiert davon.

Als ich mit Network Marketing begann, wußte mein Sponsor nicht mehr als ich, und sein Sponsor genauso. Für die nächste Person in der Upline hatte ich nicht viel übrig, und die anderen waren viel zu sehr damit beschäftigt, wichtigeren Personen als mir zu helfen. Wie das Glück es haben wollte, war die nächste Person in der Upline (fünf Ebenen von meiner Wenigkeit entfernt) ein freundlicher, warmherziger Mann namens Harold Miller. Harold arbeitete hart bei Goodyear in Akron, Ohio. Zusammen mit seiner Ehefrau Greta und ihren sechs Kindern hatte Harold alle Hände voll zu tun, doch das hielt ihn nicht davon ab, daß zu tun, was ihn erfolgreich machen würde. Er war an jenem Abend anwesend, als ich meine erste Gelegenheit im Network Marketing kennenlernte. Er bot mir seine Hilfe beim Geschäftsaufbau an. Er ahnte nicht, wie hart ich ihn arbeiten lassen würde.

Harold verdanke ich einen Großteil meines Erfolgs. Er hat mir nicht nur zu einem guten Anfang verholfen, sondern er ermutigte mich in schweren Zeiten und sorgte dafür, daß ich dabei blieb. Durch Harolds Bereitschaft, mir zu helfen, lernte ich, wie umsorgend und unterstützend Network Marketing sein kann.

Ein letztes Wort der Weisheit! In den meisten Fällen werden Sie Ihr Geschäft so führen, wie Sie es begonnen haben. Wenn Sie am Anfang Ihrer Karriere im Network Marketing auf Details achten und die Bedingungen für Ihren Erfolg sorgfältig studieren, werden Sie diesen Weg weiter beschreiten. Wenn Sie das Geschäft jedoch als Hobby betrachten, mit dem Sie ein paar Mark nebenher machen können, werden Sie vermutlich so weiter machen, bis es im Sande verläuft. Wenn Sie hart arbeiten und Ihr Unternehmen professionell repräsentieren, so wird es Ihre Downline auch tun. Wenn Sie mit der richtigen Menge an Produkten und Materialien beginnen, werden Ihre Leute es auch tun. Wenn Sie ›klein‹ anfangen, fängt Ihre Downline ebenso an.

Sie sind jetzt bereit anzufangen – also beginnen wir! Im nächsten Kapitel zeige ich Ihnen, wie Sie die zu Ihren Bedürfnissen passende Produktlinie wählen, die Ihnen die besten Marketingchancen bietet. Vergnügen Sie sich, arbeiten Sie hart, und verwirklichen Sie Ihre Träume!

Was ist mit dem Produkt?

Die erfolgreichsten Network Marketingunternehmen sind deswegen erfolgreich, weil sie ein universelles Produkt anbieten, das jeder benutzen, sich leisten und gebrauchen kann. Auch wenn das Produkt im Network Marketing eine sehr wichtige Rolle spielt, es ist nicht nur das Produkt selbst, das Ihr Geschäft zu einem Erfolg macht, sondern auch, wie Sie darüber denken. Wie Sie über das Produkt denken, beeinflußt die Lebendigkeit Ihrer Geschichte. Es beeinflußt die Energie und die Begeisterung, die Sie während des Geschäftsaufbaus beibehalten. Und es beeinflußt, wie andere Ihre Zufriedenheit mit Ihrer Karriere im Networking einschätzen. Sie können ein tolles Produkt haben, doch wenn Sie sich dafür nicht begeistern, werden es Ihre Kontakte auch nicht tun.

Zeigen Sie Ihre Begeisterung für das Produkt, wenn Sie andere rekrutieren. Wenn Sie also nach dem richtigen Produkt suchen, sorgen Sie dafür, daß Sie ehrlich und mit Begeisterung über seine Vorteile sprechen können. Wenn andere sich für Ihr Produkt begeistern, werden sie auch Ihre Geschäftsgelegenheit begeisternd finden. So bauen Sie Ihr Geschäft auf.

Glauben Sie an Ihr Produkt

Das Wichtigste an der Produktwahl ist, daß Sie an das Produkt glauben können. Wenn das Unternehmen behauptet, das Produkt biete bestimmte Vorteile und Sie nicht daran glauben, dann geben Sie das Produkt auf. Sie werden niemals andere überzeugen können, wenn Sie nicht selbst überzeugt sind.

Ich habe große Unternehmen Riesenumsätze mit einem mittelmäßigen Produkt erzielen sehen. Sie haben nie behauptet, die Besten zu sein. Sie behaupteten, das Produkt halte sein Versprechen und sei zudem erschwinglich. Ich habe wiederum Unternehmen gesehen, die besser sein wollten als die anderen, indem sie das bestmögliche Produkt anboten, doch sie sind gescheitert. Das beste Produkt zu haben bedeutet nicht unbedingt, daß es sich um das beste Unternehmen handelt. Viele Unternehmen mit überlegenen Produkten betreten das Feld des Networkings und schaffen es nicht, weil das Produkt nicht erschwinglich ist.

Wenn ich Sie wäre, würde ich mich für ein finanziell stabiles Unternehmen mit einem tollen Marketingplan, zeitgemäßen, hochwertigen Verbrauchsprodukten, professionellen Werkzeugen und attraktiver, informativer Literatur interessieren. Ein Unternehmen, das die modernsten Technologien verwendet, um seinen Beratern die besten Kommunikationsmethoden zur Verbreitung der Geschäftsidee zu bieten, können Sie in Erwägung ziehen. Ein Unternehmen mit einem guten, hochwertigen und erschwinglichen Produkt ist besser als ein Unternehmen mit dem besten Produkt, bei dem aber alles andere zu wünschen übrig läßt. Denken Sie daran, daß es sich um ein Gesamtpaket handelt. Manchmal verschwinden Unternehmen mit den besten Produkten deswegen vom Markt, weil keiner den verlangten Preis bezahlen wollte.

Die Geschichte

Die Geschichte ist entscheidend. Eine das Unternehmen und/oder das Produkt umgebende Geschichte ist von größter Bedeutung. Denn es ist die Geschichte, die die Leute zu hören bekommen. Je fesselnder und einmaliger die Geschichte, umso mehr Eindruck hinterläßt sie bei den Zuhörern, und das Interesse an Ihrem Geschäft steigt entsprechend.

Ist es möglich, alles zu haben?

Aber sicher! Viele Network Marketingunternehmen sind finanziell stabil, haben eine kompetente Geschäftsführung, einen tollen Marketingplan und hervorragende Produkte. Bedenken Sie, daß der technologische Fortschritt es einem Unternehmen schwer macht, immer das beste Produkt zu haben. Es gibt immer die neueste, verbesserte Version mit noch mehr Vorteilen. Deswegen ist ein Unternehmen mit einer hervorragenden Forschungs- und Entwicklungsabteilung wichtig.

Sind Verbrauchsprodukte wichtig?

Verbrauchsprodukte werden von Ihren Beratern und Kunden immer wieder bestellt und geben dadurch Ihrem Geschäft Stabilität. Ein Produkt, das lange Zeit in der Garage oder im Küchenschrank herumliegt, gerät auch in Ihren Gedanken in Vergessenheit. Natürlich werden Sie hin und wieder die Zeit finden, es hervorzukramen und seine Geschichte, die Sie eigentlich nicht mehr so recht begeistert, zu erzählen, doch andere werden daran genauso wenig interessiert sein wie Sie. Bewahren Sie die Frische Ihrer Produkte – benutzen Sie sie, reden Sie darüber und arbeiten Sie ständig an ihrer Geschichte.

Benutzen Sie das Produkt

Wenn Sie vom Produkt nicht begeistert sind, wie wollen Sie andere davon überzeugen? Sie müssen sich in das Produkt verlieben. Entwickeln Sie eine lang andauernde Beziehung zu Ihrem Produkt. Was macht Ihnen einen bestimmten Film schmackhaft? Ein begeisterter Freund oder Nachbar, der sagt: »Was für ein toller Film! Großartige Spezialeffekte, klasse Musik und eine spannende Geschichte machten ihn zu einem echten Erlebnis.« Sie erkennen an seiner Sprache und seiner Begeisterung, daß ihm der Film wirklich gefallen hat, und Sie haben Vertrauen in seine Beurteilung. Und was tun Sie dann? Sie schauen sich den Film an. Das gleiche passiert mit einem Produkt im Network Marketing. Sie müssen vom Produkt begeistert sein. Sie müssen eindrucksvoll darüber sprechen und den gewissen Funken in Ihrer Einstellung nicht vermissen lassen. Wie soll das gehen, wenn Sie es nicht wirklich auch genauso erleben? Sie müssen das Produkt verwenden, um die Fragen Ihrer Kunden vorauszuahnen und die besten Antworten darauf geben zu können.

Im Network Marketing geht es um Ihre Verwendung eines Produkts, Ihre Begeisterung darüber, was das Produkt für Sie getan hat, und die Geschichte, die Sie Ihren Freunden erzählen. Die absolut perfekte Situation ergibt sich, wenn Sie das Produkt verwenden und Ihre Interessenten dabei zusehen oder es selbst ausprobieren können, am besten ohne große Erklärungen oder Demonstrationen. Machen Sie keine große Show daraus, bei der Sie sich zuerst hinsetzen, erklären und vorführen müssen, bevor der Interessent es endlich selbst ausprobieren darf.

Die mächtigste Frage: »WAS IST DAS?«

Wir haben über Ihre Verwendung des Produktes gesprochen, und jetzt gehen wir einen Schritt weiter. Verwenden Sie das Produkt bewußt in der Öffentlichkeit. Hier sollten Sie eine Show daraus machen. Leute werden neugierig, wenn Sie Ihnen dabei zusehen. Sorgen Sie dafür, daß sie die wichtigste aller Fragen stellen: »Was ist das?« Diese Frage eröffnet Ihnen die Möglichkeit, den Interessenten den Umgang mit dem Produkt zu ermöglichen. Und da sie das Gespräch begonnen haben, treten Sie nicht als Verkäufer auf. Sie gehen auf ihre Frage ein, indem Sie von Ihrem Produkt erzählen.

Ergebnisse vermarkten

Eigentlich ist Network Marketing eine Kette von Ergebnissen. Sie erzählen von den Ergebnissen, die Sie und andere mit dem Produkt erlebt haben. Das nennt man Ergebnisse vermarkten. Lassen Sie Ihre Kontakte wissen, welche Ergebnisse andere mit Ihrem Produkt erzielt haben. Bestätigungen und Aussagen Dritter sind die beste Möglichkeit, Ihr Produkt zu verkaufen. Diese Aussagen bestätigen Ihre eigene und liefern den Beweis dafür, daß das Produkt hält, was es verspricht. Mit anderen Worten: Ein Waschpulverhersteller stellt nicht sein Produkt auf und sagt: »Unser Produkt kann das und das. Kauft es!« Normalerweise stellt er eine Kundin hin, die sagt: »Mit diesem Produkt habe ich die Grasflecken aus Roberts Jeans bekommen. Jetzt kann ich ihn getrost draußen spielen lassen, auch wenn es geregnet hat«. Sie erzählt Ihnen von ihren Erfahrungen als Kundin, nicht das Unternehmen von seinen.

Verkaufen Sie persönliche Vorteile, nicht Produkteinzelheiten

Leute interessieren sich dafür, was Ihr Produkt für sie tun kann. Es interessiert sie nicht, welche technische Eigenschaften oder Inhaltsstoffe das Produkt hat. Sie wollen wissen, wie sie davon profitieren können. Nehmen wir an, Sie hätten ein Haarwuchsmittel, das bei einem Mann das Haar wachsen lassen würde – was würde sein Interesse wecken? Er will nicht unbedingt mehr über die Inhaltsstoffe wissen – er will einfach mehr Haar. Wenn Sie dann mit Begeisterung über die Erfahrungen berichten, die ein anderer mit dem Produkt gemacht hat, und daß diese von dessen Freund bestätigt wurden, haben Sie neugieriges Interesse am Produkt geweckt. Das ist es, was ein Produkt verkauft.

Eine der beliebtesten Produktlinien im Network Marketing besteht aus Nahrungszusätzen und Hautpflegeartikeln. Solche Produkte kann man nicht einfach bei sich tragen, doch ich kenne Leute, die die Nahrungszusätze bei sich trugen und es immer schafften, die Aufmerksamkeit zu erregen, wenn sie sie beim Essen einnahmen. Sie machten sogar ein wenig Theater daraus – so viel Theater, um ein wenig Aufregung zu erzeugen und das Interesse der anderen zu wecken. Andere wollen wissen, wozu die ganze Aufregung gut sein soll – und fragen: »Was ist das?« Sobald die Frage gestellt ist, geht der Geschichtenerzähler an die Arbeit.

Gewichtsreduzierende Produkte sind natürlich perfekte Produkte. Ihr Produkt ist ständig sichtbar. Sie zeigen Ihre Ergebnisse, indem Sie andere auf Ihre Gewichtsabnahme aufmerksam machen. Das kann Neugierde erwecken. Wer möchte nicht die gleichen Ergebnisse erleben, die Sie offensichtlich erzielen? Und hier reden Sie nicht über Ergebnisse – Sie führen sie vor. Das hat Wirkung.

Auch hier gilt das Reden über Ergebnisse als die beste Möglichkeit, Produkte dieser Art zu vermarkten. Wenn Sie, zu Beispiel, mit einer Freundin essen gehen, dann stellen Sie Ihre Vitamine auf den Tisch (sofern der Behälter nicht zu groß ist), um sie zusammen mit Ihrem Essen einzunehmen. Wenn Sie Hautpflegeprodukte anbieten, nehmen Sie irgendwann während der Unterhaltung die Hautcreme und cremen Sie Ihre Hände ein, und lassen Sie andere die Creme ausprobieren. Bevor Sie es wissen, werden sie nicht nur selbst die Creme haben wollen, sondern sie werden anderen erzählen, wie toll die Creme gewirkt hat. Sie machen Networking!

Sie können auch ein Gespräch beginnen, das zur magischen Frage führt. So könnten Sie zu Beispiel darüber reden, wie viel Energie Sie haben, seit Sie die Vitamine einnehmen, oder wie toll sich Ihre Haut anfühlt, seit Sie das neue Produkt verwenden. Die Frage nach dem Produkt kommt unweigerlich. Jetzt haben Sie gefesselte Zuhörer – der Traum eines jeden Networkers.

Die Schlacht gewonnen – den Krieg verloren

Wenn Sie zu technisch werden, werden Sie meistens die Schlacht gewinnen, aber den Krieg verlieren. Wenn Sie zum Beispiel Vitaminpräparate verkaufen und zu sehr von der Wirkungsweise der einzelnen Vitamine oder deren Zusammensetzung reden, werden Sie die Schlacht gewinnen, doch den Krieg verlieren Sie. Wieso? Nun, Sie werden vielleicht den Interessenten soweit überzeugen, daß er das Produkt kauft, doch er wird sich nie im Stande sehen, Ihren Expertenvortrag über die Inhalte der Vitaminpräparate zu duplizieren. Es kann durchaus sein, daß der Interessent begeistert genug ist, um anderen vom Produkt zu erzählen und sie an Sie zu verweisen. Doch er wird nie das Geschäft ergreifen und mit anderen aktiv darüber sprechen.

Wäre es nicht besser, sie an der geschäftlichen Gelegenheit teilhaben und ihre eigenen Gewinne erzielen zu lassen? Wenn Sie aus Interessenten Berater machen wollen, muß das, was Sie tun, duplizierbar sein. Der Interessent soll das Treffen mit dem Gefühl verlassen, daß er es auch tun könnte. Wenn Sie Hautcreme vermarkten, ist es einfach zu sagen »Meine Haut fühlt sich 100% besser an, seit ich die Creme benutze«. Doch es gibt auch Produkte, bei denen man sich zu langen Erklärungen hinreißen lassen kann. Das endet oftmals im Desaster! Meiden Sie solche Situationen und halten Sie alles einfach! Ein guter Rat für jeden Networker.

Es einfach halten. Konzentrieren Sie sich auf Resultate und andere Aussagen. Befolgen Sie diesen Rat und Sie werden feststellen, wieviel einfacher es ist, aus einem Kunden einen Berater zu machen, wenn er sich in das Produkt verliebt hat, denn er wird glauben, daß er das, was Sie getan haben, ebenfalls tun kann. Versucht jemand, Sie in ein tiefergehendes Gespräch über das Produkt zu verwickeln, empfehle ich Ihnen folgendes: sagen Sie so etwas wie: »Davon weiß ich nicht viel. Aber ich weiß, wie ich mich fühle, und ich fühle mich großartig. Lassen Sie mich erzählen, was soundso erlebt, seit sie die Produkte benutzt«. Oder: »Lassen Sie mich von den Erfahrungen erzählen, die Sarah gemacht hat, seit sie das Produkt verwendet. Ich weiß, es wird Ihnen gefallen. Es wird Ihnen genauso gehen, wie es mir und Sarah geht. Sie werden es einfach lieben!«

Da die meisten Produkte eine Geld-Zurück-Garantie haben, sollten Sie das auch erwähnen. »Wissen Sie was? Ich bin überzeugt, daß Sie das Produkt lieben werden, und wenn Sie nicht dasselbe erleben wie wir, bin ich gerne bereit, Ihnen das Geld zurückzugeben. Aber Sie werden es einfach lieben!« Das sind einfache Sätze. Nichts technisches – nichts schwieriges.

Schrank statt Lagerhaus

Sie sind nicht der Hersteller! Sie müssen die Produkte nicht einlagern. Das ist ein weiterer Pluspunkt für Network Marketing: Sie brauchen kein Lagerhaus für ein paar Produkte – ein kleiner Schrank reicht völlig aus. Wenn Sie das Geschäft ernsthaft betreiben und erfolgreich sein wollen, müssen Sie verstehen, daß die meisten Käufe in diesem Bereich Spontankäufe sind. Leute wollen die Produkte sofort, nicht drei Wochen später.

Wenn Sie jede Absatzgelegenheit nutzen wollen, müssen einige Produkte parat halten. Wenn Sie Produkte haben, die Sie schnell absetzen, sollten Sie den Fluß stetig halten. Lassen Sie nie zu, daß Sie mit leeren Händen dastehen und einen Spontankäufer nicht zufriedenstellen können. Gewöhnen Sie sich an, Ihr Produktbestand im Auge zu behalten. Stellen Sie sicher, daß Sie genügend Produkte haben, um bis zur nächsten Lieferung auszukommen. Niemand geht zu McDonald's in der Erwartung, eine Broschüre zu erhalten.

Dienstleistungen bedeuten kein Inventar

Aus genau diesem Grund sind einige der beliebtesten Produkte Dienstleistungen wie zum Beispiel die Telekommunikation. Denken Sie darüber nach. Was könnte universeller sein? Jeder braucht und benutzt mindestens eine Dienstleistung in diesem Bereich. Auf Grund der Größe dieses Marktes sind die Verdienstmöglichkeiten astronomisch.

Ich verrate Ihnen einige Schlüsselsätze, die Ihnen bei der Vermarktung dieser Produkte helfen können. »Könnten Sie mir einen Gefallen tun?«, oder »Ich brauche Ihre Hilfe«. »Wenn ich Ihnen einen Weg zeigte, um Kosten einzusparen ...«. » ...Würden Sie es ausprobieren?« (Sagen Sie niemals »wechseln«, es hört sich zu endgültig an). »Bitte«.

Schaffen Sie eine gefühlsmäßige Beteiligung

Begeisterung ist ansteckend. Nichts bewegt sich schneller als ein begeisterter Berater. Es fällt einem so leicht, wenn man das Produkt benutzt und sich in es verliebt. Wenn Sie ein »Na, ja ...«-Gefühl für Ihre Produkte entwickeln, tun es Ihre Kontakte auch. Network Marketing ist kein »Na, ja« Geschäft. Wenn Sie so über Ihr Produkt denken, besorgen Sie sich ein anderes. Ich kenne Leute, die sehr lange dabei sind und von daher die Bedeutung meiner Worte vergessen haben. Ihr Geschäft hat sich zu einem JOB zurückentwickelt, und die Ergebnisse sehen entsprechend aus. Solche Leute können die Geschichte zum besten geben und wissen alles über die Produkte, doch wenn sie die Begeisterung verloren haben, verlieren sie auch das Geschäft. Auf der anderen Seite habe ich Berater gekannt, die sehr wenig über Produkt und Unternehmen wußten. Obwohl sie keine Geschichte hatten, war ihre Begeisterung unglaublich, und man konnte ihnen die Liebe zum Produkt ansehen. Wir nennen es »brennende Ignoranz«, und die ist hundertmal so stark wie »auf Eis gelegtes Wissen«.

Ich kann Ihnen nicht oft genug sagen, wie wichtig der Spaß an diesem Geschäft ist. Lassen Sie Ihre Interessenten sehen, daß Sie sich vergnügen und obendrein noch Geld dabei verdienen. Die Welt ist voller Personen, die ihre Jobs und Positionen im Leben hassen. Seien Sie nicht eine von ihnen. Im Gegenteil, bieten Sie jenen Kunden, die vielleicht so empfinden, Ihre Geschäftsgelegenheit an, damit sie sich aus dem Trott befreien können. Sie werden bald ein florierendes Geschäft haben.

Der Aufbau einer Organisation

Werfen wir einen Rückblick auf die Dinge, die Sie in den ersten Kapiteln gelernt haben. Der Aufbau einer Beraterschaft mit einem Network Marketing Unternehmen macht einen Geschäftsplan erforderlich. Dieser Plan besteht aus mehreren Schritten. Der erste Schritt besteht darin, Ihre Geschäftspartner auszusuchen. Der zweite Schritt ist, diese Leute zu kontaktieren. Drittens, zeigen Sie ihnen Ihr Geschäft. Viertens, verhelfen Sie denen, die mit Ihnen zusammenarbeiten wollen, zu einem, auf bewährtem Erfolgssystem beruhenden, schnellen Start. Dieser Aktionsplan wird dann stetig wiederholt. Für jeden dieser Schritte werde ich Ihnen die Einzelheiten geben, so daß am Ende des Kapitels Ihr Plan für den Aufbau einer erfolgreichen Beraterschaft stehen wird.

Die meisten fangen das Networking ohne vorherige Erfahrung in diesem Bereich an. Von daher bringen sie nur Erfahrungen aus der traditionellen Geschäftswelt mit. Einige dieser Erfahrungen sind gut, andere weniger. Wenn Leute zu Network Marketing kommen, erleben sie eine völlig neue Geschäftswelt, und manchmal fällt es ihnen schwer zu verstehen, worum es eigentlich in dieser Industrie geht. Ich finde es hilfreich, Vergleiche anzustellen. Ich vergleiche das Geschäft mit anderen Geschäften, die den meisten Menschen vielleicht eher vertraut sind.

Der Vergleich mit Coca-Cola

Ein von mir häufig benutztes Gleichnis ist das von Coca-Cola. Ich benutze dieses Gleichnis deshalb, weil ich das volle Potential dieses Geschäfts erkannt habe, und erreichen möchte, daß ein anderer, dessen Verständnis noch begrenzt ist, das Potential ebenfalls erkennt. Ich benutze das Gleichnis, weil Coca-Cola eine unglaubliche Erfolgsgeschichte darstellt. Die meisten Menschen wissen, wenn sie die Rechte für Coca-Cola erhielten, wären sie sofort Milliardär. Ich wette, wenn Sie heute diese Rechte oder das Rezept für Coca-Cola erhielten, wären Sie außer sich vor Aufregung. Doch hätten Sie die gleiche Vision im Jahre 1800 gehabt, als Coca-Cola gerade erst entwickelt wurde und noch nicht der große Welterfolg war?

Ich finde es manchmal erstaunlich, wie unterschiedlich Menschen sein können. Einige Leute würden das Rezept erhalten und sofort überlegen, wie viel Geld sie in ihrer Heimatstadt damit machen könnten. Andere würden sich überlegen, wie viel Geld sie mit dem Rezept in ganz Nordamerika machen könnten. Und wieder andere würden sich die Gelegenheit anschauen und überlegen, wie viel Geld die weltweite Vermarktung bringen könnte. Was ist der Unterschied zwischen diesen Leuten? Ich sagte es bereits – die zwischen ihren Ohren liegenden 10 Zentimeter. Man nennt es Vision! Einige Leute werden sich ein tolles Network Marketinggeschäft anschauen und sagen: »Ist das nicht ein süßes Geschäft? Schau, wie viel ich in meiner Nachbarschaft verdienen kann!«. Andere schauen sich das gleiche Geschäft an und sehen nur globale Möglichkeiten und weltweites Potential. Ich glaube, die Größe Ihres Geschäfts wird der Größe Ihrer Vision entsprechen.

Welche Vision war wohl in den Anfangstagen von Coca-Cola notwendig. Denken Sie darüber nach! Irgendjemand muß eine unglaubliche Vision für dieses Unternehmen gehabt haben. Denn wer hätte sich vorstellen können, daß eine mit Kohlensäure versetzte, dunkle Flüssigkeit zu einer Industrie werden würde, die Milliarden Dollar wert ist? Am Anfang muß einer wohl das ganz große Bild gesehen haben. Er muß sich vorgestellt haben, daß Coca-Cola eines Tages in jedem amerikanischen Haushalt, an jeder Tankstelle, in jedem Laden und in jedem Hotel dieser Welt zu finden sein würde. Man würde es bei jedem gesellschaftlichen Ereignis servieren und in jedem Restaurant. Man würde es sogar aus kleinen Automaten an der Straßenecke holen können. In jenen Tagen muß das eine unglaubliche Geschichte gewesen sein.

Sie haben eine großartige Gelegenheit – seien Sie wählerisch beim Aussuchen Ihrer Geschäftspartner

Wenn Sie die Rechte für Coca-Cola hätten, wüßten Sie sofort, daß Sie es nicht eigenhändig weltweit vermarkten könnten. Sie müßten bereit sein, andere ebenfalls an der Vermarktung verdienen zu lassen. Nehmen wir an, Sie dürften nur fünf Geschäftspartner mit an Bord nehmen, die dann ihren Anteil an den Milliarden erhalten würden. Welche fünf würden Sie auswählen? Würden Sie Ihren Schwager wählen? Oder den Nachbarn im Haus nebenan? Ich jedenfalls würde die fünf scharfsinnigsten Menschen wählen, die ich kenne. Ich würde jene aussuchen, die hart arbeitend und ehrgeizig sind.

Wären Sie wählerisch? Ich glaube schon. Würden Sie versuchen, jene fünf Personen zu überreden und zu überzeugen? Wahrscheinlich nicht. Im Gegenteil, eigentlich würden Sie erwarten, daß die anderen Sie von ihrer Qualifikation überzeugen, daß sie die gleiche Vision haben wie Sie, und daß sie eine Bereicherung für die weltweite Expansion dieses Unternehmens wären. Wenn Sie diese Idee von Coca-Cola mit einem anderen teilen würden und er sagte: »Ich glaube nicht, daß es funktionieren wird«, würden Sie versuchen, ihn zu überreden? Natürlich nicht! Kennen Sie den Spruch: ›Eine Kette ist so stark wie ihr schwächstes Glied‹? Diese ›ungläubige‹ Person wäre auf jeden Fall ein schwaches Glied.

Im Network Marketing ist es genauso. Warum sollte jemand versuchen, andere zum Beitritt in seine Organisation zu überreden? Was passiert mit Ihnen und Ihrem Geschäft, wenn Sie diese Haltung annehmen? Nun, wenn Sie jemanden zum Beitritt überreden müssen, werden Sie ihn weiterhin überreden müssen, etwas zu tun, wenn er beigetreten ist. Das wäre wie ein Job. Suchen Sie Leute, die so sind wie Sie, die die Gelegenheit erkennen können und eine Vision haben!

Sie verstehen inzwischen, welchen Vergleich ich hier anstelle. Wenn Sie ein großes Geschäft im Network Marketing aufbauen wollen, schaffen Sie es nicht eigenhändig. Sie müssen bereit sein, andere daran zu beteiligen. Diese Leute werden Ihre Partner sein. Wählen Sie sie sorgfältig aus. Suchen Sie Personen, die so sind wie sie, mit Begeisterung und Vision.

Wo finden Sie Ihre Partner?

Vielleicht haben Sie schon einige Personen im Kopf, die Sie als Partner haben möchten. Diese Leute fallen Ihnen sofort ein. Ich verrate Ihnen ein großes Geheimnis: einer der größten Fehler im Network Marketing ist der Versuch, nur mit dem Gedächtnis zu arbeiten. Ich kann Ihnen nur empfehlen, sich einen Schreibblock zu nehmen und all die Namen zu Papier zu bringen.

Vergessen Sie Network Marketing für einen Moment. Stellen Sie sich vor, Sie verdienen $1.000 mit jedem Namen, den Sie in Ihre Liste aufschreiben. Schreiben Sie jeden auf, den Sie jemals gekannt haben, von Ihrer Kindheit an bis heute. Schreiben Sie alle Arbeitskollegen auf, die Sie jemals hatten, alle Nachbarn, alle Schulfreunde,

Lehrer, Studienräte und Verwalter. Listen Sie alle Mitglieder von Ihren früheren und jetzigen Vereinen auf. Inzwischen sollten Sie mit den ganzen Namen ein Vermögen angehäuft haben. Schreiben Sie einfach weiter. Vielleicht denken Sie: »Dazu brauche ich ja etliche Tage!«. Das Spiel, in dem Sie $1.000 für jeden Namen erhalten, ist kein Spiel. Diese Liste wird Sie reich machen!

Denken Sie nicht an das Unternehmen und wer dafür in Frage kommen könnte. Nehmen Sie sich einfach die Zeit, um alle Personen aufzulisten, die sie jemals kannten. Vorurteilen Sie nicht, und schließen Sie niemanden aus, insbesondere nicht die Frauen. In diesem Geschäft sind Frauen besonders gut. Deswegen stellen sie auch 65% der im Network Marketing involvierten Personen. Meine Freundin, Sue Burdick, ist eine der sehr starken Frauen im Network Marketing. Sie nimmt die Tänzerin und Sängerin Ginger Rogers als Beispiel. Ginger Rogers tat alles, was Fred Astaire tat, nur machte sie es auch noch rückwärts und in Stöckelschuhen.

Füllt sich Ihre Liste? Hier ein kleiner Rat: Lassen Sie ein Schreibblock in Ihrem Auto. Sie wissen nie, welche Straße, welches Lied oder Wahrzeichen die Erinnerung an eine bestimmte Person wachrufen wird, deren Namen Sie dann aufschreiben können. Mir ist bewußt, daß die Liste Personen enthalten wird, die Sie nicht mögen, mit denen Sie nicht arbeiten wollen, die nur drei Monate alt sind oder so alt wie die Wüste. Das macht nichts!

Dies ist der Anfang Ihrer Organisation

Jetzt ist es an der Zeit, die Namen zu klassifizieren. Dazu brauchen Sie einen roten, einen blauen und einen grünen Stift. Als Sie alle Personen aufschrieben, haben deren Namen Sie vielleicht an andere erinnert. Vielleicht sind einige Leute, die gute Networker sein würden, noch gar nicht auf Ihrer Liste erschienen. Nehmen Sie sich etwas Zeit, Ihre Liste zu überarbeiten.

Jetzt nehmen Sie den grünen Stift und haken Sie alle ab, die so sind wie Sie, mit Vision und Ehrgeiz. Überlegen Sie, wer auf Ihrer Liste ständig davon redet, ein eigenes Geschäft zu haben. Diese Kategorie ist normalerweise die einfachste, denn sie enthält diejenigen, die so sind wie Sie. Mit diesen Leuten sind Sie gerne zusammen, denn sie reden von Ideen, und nicht nur über andere Leute und Orte. Sie inspirieren Sie. Einige dieser Leute werden vielleicht schon erfolgreich sein. Vorurteilen Sie nicht über jemanden, nur, weil er erfolgreich ist. In der traditionellen Geschäftswelt würden Sie sich wohl nicht weigern, den Manager der Konkurrenz für Ihr Unternehmen abzuwerben, nur weil er erfolgreich ist. Natürlich nicht! Sie suchen nicht Leute, die etwas brauchen, sondern Leute, die etwas wollen.

Eigentlich gibt es nur zwei Optionen. Wenn Leute erfolgreich sind, arbeiten sie entweder für jemand anderen oder sie haben ein eigenes Geschäft. Bedenken Sie: Wenn die Leute für einen anderen arbeiten, wird dieser ihnen nie mehr als die Summe bezahlen, die ihr Ersatz kosten würde. Wenn sie im höchstbezahlten Bereich arbeiten, sind sie wahrscheinlich Verkäufer. Positionen im traditionellen Verkauf sind meist an Sollquoten und Absatzgebiete gebunden, die sich aber jedes Jahr ändern können.

Im traditionellen Verkauf wird der erfolgreiche Verkäufer dadurch motiviert, indem die Firma seine Quoten erhöht oder sein Absatzgebiet einschränkt. Es ist fast so, als wollte die Firma dem Verkäufer nicht zuviel bezahlen müssen, als würde sie seinen Erfolg beschneiden. Auf der anderen Seite wissen wir, daß Selbständige Betriebskosten, Personal und andere Kopfschmerzen haben.

Je nachdem, in welchem Bereich Selbständige arbeiten, gibt es ständig Änderungen, mit denen sie kämpfen müssen, sei es in der Produktlinie oder in der Technologie. Mit der Konkurrenz mitzuhalten, ist schwierig und sehr anstrengend. Wenn einer also entweder als Verkäufer oder Selbständiger erfolgreich ist, besitzt er wahrscheinlich die Selbstdisziplin und die Arbeitsmoral, um im Network Marketing äußerst erfolgreich zu sein. Übersehen Sie diese Leute nicht. Vielleicht wissen sie noch nicht, daß es eine Möglichkeit gibt, das eigene Geschäft und die eigene Person zu besitzen, statt sich vom Geschäft besitzen zu lassen.

Den roten Stift verwenden Sie, um jene Personen zu markieren, die mit ihrer Arbeit unzufrieden sind. Leute, die ihre Arbeit, ihren Chef oder ihre Kollegen hassen, werden mit rot markiert. Sie kennen diese Leute – es sind die, die ständig darüber reden, was sie nicht mögen oder nicht wollen.

Die dritte Kategorie ist die blaue. Das sind diejenigen, die sich etwas wünschen, die etwas haben wollen. Sie sind nicht gerade unzufrieden mit ihrem Job, aber sie wollen mehr. Sie wollen mehr Freizeit, oder ein größeres Haus. Vielleicht wollen sie auch nur die Kinder auf eine gute Schule schicken.

Alle drei Kategorien sind ›heiße‹ Kategorien. Leute, die sich etwas wünschen. Sei es eine neue Arbeit, ein neues Auto, ein größeres Haus, oder was auch immer. Es handelt sich um Wünsche. Wenn Sie den Wunsch eines anderen kennen, könnte er genauso gut mit einem Schild herumlaufen, auf dem »Ich bin überzeugt – rekrutiere mich!« geschrieben steht. Später in diesem Kapitel zeige ich Ihnen, wie Sie diese Information benutzen können, damit Sie und der andere das bekommen, was sie beide sich wünschen.

Wenn Sie Ihre Liste klassifiziert haben, müssen Sie sie auf die obersten zehn Geschäftspartner einschränken. Wer sind die zehn scharfsinnigsten Leute, die Sie gerne als Geschäftspartner hätten? Schränken Sie die Liste auf die zweiten ›Top Ten‹ ein, und dann auf die dritte. Nur, weil Sie sie als Top Ten identifizieren, heißt nicht, daß sie auch in das Geschäft einsteigen werden. Einige werden, andere nicht. Im Moment versuchen Sie nur, die Schlüsselpersonen zu identifizieren, die Sie als erste kontaktieren werden.

Jetzt muß ich die perfekte Präsentation erarbeiten, oder?

Gehen wir noch einmal zu Coca-Cola zurück. Da Sie jetzt das Rezept besitzen, würden Sie nicht die obersten Zehn auf Ihrer Liste kontaktieren und einen Termin vereinbaren, um ihnen die Coca-Cola-Gelegenheit zu zeigen? Natürlich würden Sie es tun. Es macht nichts, um welche Tageszeit Sie sie treffen, wo das Gespräch stattfindet oder was Sie dazu anziehen. Die Geschichte hätten Sie im Kopf parat, und Ihre Begeisterung über Coca-Cola wäre so groß, daß Sie die Geschichte überall erzählen könnten. Warum warten, bis alles perfekt ist. Im Network Marketing werden wir von diesen unwichtigen Dingen so eingefangen, daß wir das eigentlich Wichtige – nämlich einfach die Geschichte zu erzählen – vergessen.

So weit es mich betrifft, ist es die Vision, die perfekt sein muß. Wenn Sie erst einmal die Vision und die Begeisterung haben, setzt sich das große Bild in Ihrem Kopf zusammen, und die große Geschichte spiegelt sich in Ihren Worten wieder. Verstehen Sie mich nicht falsch – manchmal werden Sie einen Anzug anziehen müssen. Versuchen Sie, sich Ihrer Kontaktperson anzupassen. Tragen Sie Kleidung, die deren Kleidung ähnlich ist, damit sie sich wohl fühlt. Lassen Sie aber nie zu, daß diese sich besser kleidet als Sie.

Ein Spruch besagt: »Leute hören die Musik; die Worte hören sie nicht«. Halten Sie Ihre Energie und Begeisterung hoch, und die Musik wird in Ihnen sein. Wenn Sie die Musik und die Begeisterung, die Überzeugung und die Vision haben, werden andere sehen, daß Sie verpflichtet sind und daran glauben. Sie sollen natürlich nicht so verrückt oder aufgeregt sein, daß es andere stört; zeigen Sie kontrollierte Intensität und hundertprozentige Hingabe. Wenn Ihre Gesprächspartner es jetzt nicht erkennen, dann erkennen sie es halt nicht! Gehen Sie weiter!

Wenden wir uns wieder Coca-Cola zu. Wenn Sie Coca-Cola vorstellen wollten, würden Sie wahrscheinlich eine Dose oder eine Flasche Coca-Cola zeigen. Vielleicht führen Sie ein Video vor oder zeigen ein Bild, auf dem vergnügte Leute Coca-Cola trinken. Genau das machen Sie in Ihrem Network Marketinggeschäft. Zeigen Sie Proben und Bilder vom Produkt – und zeigen Sie immer beides. Wenn Sie das Geschäft zeigen, können Sie drei mögliche Antworten erhalten. Das Tolle ist, daß zwei dieser Antworten zu Ihren Gunsten ausfallen.

Die erste Antwort, die Sie bekommen können, ist: »Ja, ich möchte ins Geschäft einsteigen«. Diese Person erhält das Produkt zum Einkaufspreis. Die zweite Antwort lautet: »Nein. In das Geschäft will ich nicht einsteigen, aber das Produkt möchte ich haben«. In diesem Fall bekommt die Person das Produkt zum Verkaufspreis. Die dritte Antwort ist: »Ich will weder ins Geschäft einsteigen, noch will ich das Produkt kaufen«. Zumindest sind zwei der drei möglichen Antworten zu Ihrem Vorteil. Außerdem sparen Sie Zeit bei Ihrer Präsentation. Wenn Sie das Geschäft vorstellen, können Sie gleichzeitig das Produkt vermarkten. Und, wenn Sie das Produkt zeigen, stellen Sie gleichzeitig das Geschäft vor. Wenn Leute Sie fragen, wie das Produkt verkauft wird, antworten Sie, »In dem man es selbst benutzt und anderen zeigt«. Und vergessen Sie nicht zu erwähnen, daß es auch fast immer dann verkauft wird, wenn man das Geschäft vorstellt.

Die Botschaft übermitteln

Das Geschäft mit anderen zu teilen, ist das gleiche, wie das Erzählen einer Geschichte. Sie sind Geschichtenerzähler. Ihre Worte sind die Werkzeuge des Geschäfts. Ihre Worte sollten beschreiben und erklären, begeistern und inspirieren, und sie sollten Ihren Interessenten und das Produkt einander näherbringen. Je öfter Sie die Geschichte erzählen, umso größer ist die Chance, daß jemand sie hört, die Vision einfängt und den Weg mit Ihnen beschreiten will.

Ich erzähle Leuten, daß sie Botschafter sind. Sie übermitteln eine Botschaft über ein Unternehmen und ihre Vision davon, in welche Richtung sich das Unternehmen bewegt. Hier ist die Botschaft wichtig, nicht der Botschafter. Sie müssen daran arbeiten, die Botschaft richtig zu übermitteln. So viele Menschen befassen sich zu sehr mit dem Botschafter, obwohl es hier um die Botschaft selbst geht.

Ratschläge für die Einladung

Lassen Sie mich Ihnen einen Rat für das Einladen von Interessenten geben. Ich bin ein großer Anhänger von Texten. Ich glaube, Texte sind wie eine Krücke, die man am Anfang gut gebrauchen kann. Außerdem helfen Ihnen Texte, das Richtige zu sagen. Das Wort »Besprechung« versuche ich zu vermeiden, denn es hört sich langatmig und langweilig an, fast wie »Elternabend«. Stattdessen benutze ich Begriffe wie »Geschäftsvorstellung«, denn hier wird etwas Neues vorgestellt, oder »Informationsseminar«, denn es hört sich informativ an. Ein Lieblingssatz ist »Ich will dir von einer Idee erzählen«, denn es hört sich locker und zwanglos an.

Hinterlassen Sie einen guten Eindruck

Das Wichtigste bei einer Geschäftspräsentation ist, einen guten Eindruck zu hinterlassen. Mehr nicht! Ob der Interessent »Ja« oder »Nein« sagt – Ihre Antwort sollte stets die Gleiche sein: »Großartig«. Wenn er sagt: »Ich will nicht einsteigen«, dann sagen Sie einfach »Großartig!«. Schlagen Sie ihn nicht zusammen. Ziehen Sie kein Gesicht. Sagen Sie ihm nicht, daß er dumm ist. Sagen Sie einfach: »Großartig!«.

Bedenken Sie, daß es Leute gibt, die sehr gute Gründe dafür haben, momentan nicht einzusteigen. Ich kenne einen Herrn, der gerade sehr viel Geld in ein anderes Geschäft investiert hatte. Das Timing war also nicht richtig. Ich konnte nicht von ihm erwarten, sich dafür zu begeistern, wenn er sich gerade anderweitig finanziell verpflichtet hatte. Ich sagte ihm zwei sehr wichtige Sätze: »Ich wünsche Ihnen den größtmöglichen Erfolg und ich weiß, daß Sie in Ihrem neuen Geschäft erfolgreich sein werden. Sollten sich die Dinge später ändern, möchte ich, daß Sie an mich denken, denn ich würde sehr gerne mit Ihnen zusammenarbeiten.« Hinzu kommt der Satz: »Wenn Ihnen inzwischen jemand einfallen sollte, der nach einer Geschäftsgelegenheit sucht, hoffe ich, daß Sie von mir erzählen werden. Ich würde gerne mit solchen Leuten arbeiten.«

Was, meinen Sie, denkt dieser Mann, wenn er unser Gespräch verläßt? Wahrscheinlich denkt er, »Mann, sie war aber professionell, und nett war sie auch. Ich würde nicht zögern, sie einem anderen zu empfehlen, denn ich weiß, sie würde mich nicht in Verlegenheit bringen. Sie wird andere genauso nett und höflich behandeln, wie sie mich behandelte.«

Sie können sich nicht vorstellen, wie viele Empfehlungen ich auf Grund dieser zwei Sätze bekam. Ein Mann in meiner Gruppe hatte ein Geschäft in Toronto gegründet. Damals sagte ich ihm, daß ich an seinen Erfolg glaubte, denn er hatte das Zeug dazu. Ich bat ihn, später einmal an mich zu denken. Ein Jahr später rief er mich an und sagte: »Erinnern Sie sich an mein Geschäft? Ich habe es gerade verkauft, und jetzt bin ich bereit, mit Ihnen ins Networking einzusteigen.« Warum rief er ausgerechnet mich an? Er hätte viele andere anrufen können. Er kannte andere in diesem Geschäft, doch er rief mich an, weil ich einen guten Eindruck hinterlassen hatte.

Textvorlagen sind wichtig

Wenn ich jemanden ins Geschäft bringe, gebe ich ihm normalerweise einen Grundtext mit auf den Weg. Ich glaube, daß es ihm helfen wird. Wenn jemand neu ist und nervös, macht er oftmals den großen Fehler, zuviel zu reden. Die meisten Neulinge in diesem Geschäft meinen, alle Antworten kennen zu müssen, bevor sie mit dem Geschäftsaufbau beginnen können. Werden sie dann am Telefon mit Fragen konfrontiert, glauben sie, auf jede Frage eine passende Antwort haben zu müssen. Sie antworten sogar dann, wenn sie die Antwort gar nicht kennen! Sie fühlen sich in der Klemme. Sie wollen nicht zugeben, daß sie die Antwort nicht kennen.

Manchmal kann ich nur mit dem Kopf schütteln und mit offenem Munde zuhören, was sich in diesen Gesprächen abspielt. Wenn Leute am Telefon beginnen, Antworten zu erfinden, kommen Dinge über das Unternehmen zutage, die nicht einmal ich wußte. Wenn sie dann das Gespräch beendet haben, raufen sie sich die Haare und sagen: »Ich werde nie wieder telefonieren. Was mache ich bloß, wenn die Person wieder anruft?« Deswegen sind Textvorlagen so wichtig. Ich will nicht, daß eine neue Person eine schlechte Erfahrung macht. Ich möchte, daß sie die richtigen Worte parat hat und das Gespräch von Anfang an kontrolliert. Am wichtigsten sind ihre Begeisterung und Vision. Den Text dazu bringt man immer zustande.

Auf keinen Fall will ich, daß sie sich selbst zum Gegenstand der Unterhaltung machen. Wenn sie glauben, alle Antworten wissen zu müssen, dann müssen sie ihren Geschäftsanfang nach hinten verschieben. Als ich dieses Geschäft begann und mir jemand »Nein« sagte, oder eine Frage stellte, die ich nicht beantworten konnte, dachte ich, ich sei schuld daran. Ich kann Ihnen nicht sagen, wie oft ich von einem Gespräch oder Treffen mit dem Gefühl weggegangen bin, wenn ich dieses oder jenes gesagt beziehungsweise nicht gesagt hätte, dann hätte die Person zugestimmt. Das nennt man das ›Wenn ich nur‹ Syndrom. »Wenn ich nur einen anderen Anzug angezogen hätte, oder das Geschäft in einer stilvolleren Umgebung vorgestellt hätte. Wenn ich nur von diesem oder jenem erzählt hätte – dann hätte sie ›Ja‹ gesagt.« Lassen Sie mich etwas mit Ihnen teilen. Auch dann, als ich diese Dinge alle richtig gemacht habe, haben einige immer noch »Nein« gesagt und die anderen »Ja«. Es war sehr befreiend, herausfinden, daß es nicht an mir lag. Genauso wenig liegt es an Ihnen. Ist das nicht toll – es liegt nicht an Ihnen!

Die Einladung

Gehen wir zur Einladung zurück. Die Einladung ist so konzipiert, daß Anfänger nicht zuviel am Telefon reden müssen. Außerdem verhindert sie, daß der Anfänger sich in einer Position begibt, in der ihm viele Fragen gestellt werden.

Grundsätzlich gibt es zwei Arten von Einladungstexten: der direkte Ansatz und der indirekte Ansatz.

Der direkte Ansatz

Ich fange mit dem direkten Ansatz an; den benutze ich immer bei Anfängern. Er besteht aus vier Schritten:

- ✔ Einführung
- ✔ Wunsch
- ✔ Einschluß
- ✔ Abschluß

1. Schritt – die Einführung: Diese Einladung dauert etwa eine Minute. Die Einführung bestimmt den Verlauf des Gesprächs. In der Einführung hört der Gesprächspartner, daß Sie nur eine Minute Zeit haben, bevor Sie aufbrechen oder zu einem Termin gehen müssen. Das Gespräch beginnen Sie etwa so: »Hallo, hier ist Paula. Ich habe nur eine Minute, ich muß gleich weg«. Sie bestimmen den Gesprächsverlauf, indem Sie Ihren Gesprächspartner sagen, daß Sie nur sehr begrenzte Zeit haben, um das Gespräch zu führen. Wenn Sie das Gespräch so einleiten, können Sie auf Fragen reagieren, indem Sie etwa sagen: »Darauf würde ich gerne näher eingehen, aber ich muß wirklich gleich weg«. Sagen Sie niemals, »Das kann ich nicht beantworten«, oder »Die Frage will ich nicht beantworten«. Sagen Sie einfach: »Genau darüber will ich mit Ihnen sprechen, aber gerade jetzt habe ich nicht die Zeit dazu«.

Versuchen Sie nie, dieses Geschäft am Telefon zu erklären. Ihre Gesprächspartner müssen es sehen. Ihre Aufgabe ist es, sie dorthin zu bringen, wo sie das Geschäft in seiner Gesamtheit sehen können. Und genau dazu dient das Telefon – um einen persönlichen Termin zu vereinbaren. Der Versuch, das Geschäft am Telefon zu erklären, ist in etwa so, als würde man einen neuen Haarschnitt per Post versenden. Man muß einfach dabei sein! Es gibt zwar immer Ausnahmen, zum Beispiel dann, wenn jemand sehr weit entfernt wohnt, doch in den meisten Fällen ist ein Gespräch von Angesicht zu Angesicht am besten.

2. Schritt – Der Wunsch: Der zweite Schritt konzentriert sich auf den Wunsch. Sie erinnern sich, daß Sie Ihre Namensliste nach Wünschen klassifiziert und dann auf die Top Ten eingeschränkt haben. Sie sollten den Wunsch Ihres Gesprächspartners kennen. Vielleicht will er von seinem Job weg oder er will ein eigenes Geschäft haben. Denken Sie daran, daß sein Wunsch dafür sorgen wird, daß er sich Ihre Geschäftsgelegenheit mehr als alles andere ansehen will.

Viele Leute machen den Fehler, das Geld zur Hauptsache zu machen. Sie rufen einen Kontakt an und sagen: »Ich habe einen Weg entdeckt, wie wir viel Geld machen können«. Geld an sich ist bedeutungslos. Geld nimmt nur dann Bedeutung an, wenn wir es in etwas umwandeln, das wir uns wünschen. Was zählt, ist, was Sie mit dem Geld kaufen oder tun. Sagen wir als Beispiel, Ihr Gesprächspartner wünscht sich einen Jaguar. Wenn Sie von Geld sprechen, muß er in seinen Gedanken einen Schritt weiter gehen und die Verbindung zwischen Geld und Jaguar knüpfen. Was aber, wenn er es nicht tut? Sie überlassen es dem Zufall. Was ist, zum Beispiel, wenn er bei Geld an seine Stromrechnung denkt, die ihn aber nicht gerade begeistert? Wenn Sie jemanden dazu bekommen wollen, sich das Geschäft anzusehen, rufen Sie ihn an und sagen Sie »Jaguar«. Wenn das sein Wunsch ist, wird er wahrscheinlich antworten: »Wo, wann, wie?« Auf der anderen Seite, wenn Sie einfach »Geld« sagen, wird es den Prozeß verlangsamen, und er wird nur per Zufall an einen Jaguar denken. Überlassen Sie nichts dem Zufall. Warum nicht gleich »Jaguar« sagen?

Ich spiele Ihnen die Einführung einmal vor, damit Sie ein Gefühl dafür bekommen:

Paula: *»Hallo! Hör mal, ich habe nur eine Minute, aber ich wollte dich etwas fragen«. (Jetzt kommt der Wunsch). »Du sagtest vor einiger Zeit, daß du dir einen Jaguar wünschst«. (Es könnte ein Haus oder ein neuer Job sein, etc.)*

3. Schritt – Der Einschluß: Jetzt schließen Sie ihn mit einer Verpflichtungsfrage ein: »War es dir ernst, oder hast du nur Spaß gemacht?« Sehen Sie, die meisten Menschen werden sich nicht selbst widersprechen. Es ist eine Aussage, in der sie sich zu ihrem Wunsch bekennen. Niemals werden sie sagen: »Es war mir ernst, aber ich will nicht wissen, wie ich meinen Wunsch erfüllen kann«. Wenn er also sagt: »Es war mir ernst«, dann kommen Sie zum Abschluß.

4. Schritt – Der Abschluß: Der Abschluß kommt sofort, nachdem er sagte, es war ihm ernst. Sie sagen sofort: »Ich glaube, ich habe einen Weg entdeckt, wie du zu dem Jaguar kommen kannst. Ich kann jetzt nicht detailliert darauf eingehen. Was machst du später? Setzen wir uns zusammen. Ich möchte dir von einer Idee erzählen«.

Hier sind alle vier Schritte zusammengefaßt:

Paula: *»Hallo, hier ist Paula. Ich habe nur einen Moment Zeit, ich muß gleich aus der Tür. Vor einer Weile sagtest du mir, du wünschst dir einen Jaguar. War es dein Ernst oder hast du nur Spaß gemacht?«*

Kontakt: *»Nein, es war mir ernst, Paula!«*

Paula: *»Toll. Ich glaube, einen Weg gefunden zu haben, wie du zu dem Jaguar kommen kannst. Ich kann es jetzt nicht in Einzelheiten erklären. Was machst du morgen? Setzen wir uns zusammen, ich möchte dir von einer Idee erzählen.«*

War das nicht einfach? Glauben Sie, Sie könnten es erlernen? Natürlich können Sie es. Nehmen wir an, die Person will den Job loswerden.

Paula: »*Hallo, Paula hier. Ich habe nur kurz Zeit, ich habe nämlich einen Termin. Du sagtest mir vor einer Weile, daß du den Job aufgeben möchtest. War es dir ernst, oder hast du nur Spaß gemacht?*«

Kontakt: »*Es war mir ernst*«

Paula: »*Großartig. Ich glaube, ich habe einen Weg gefunden, wie du aus dem Job kommst. Ich kann es jetzt nicht in Einzelheiten erklären. Was machst du morgen? Ich möchte dir von einer Idee erzählen*«.

Glauben Sie, er wird in der Nacht schlafen können? Wahrscheinlich nicht, denn Sie haben eine Erwartung geweckt, ihm einen Vorgeschmack gegeben. Sie haben das Zusammentreffen auf den nächsten Tag hinausgezögert, und sein Interesse ist auf dem Höhepunkt. Sie können jeden Wunsch in diesem Zusammenhang verwenden. Die Erfüllung des Wunsches weckt seine Aufmerksamkeit. Die haben Sie dann von Anfang an.

Was ist, wenn Sie den Wunsch nicht kennen?

Wenn die Person zwar auf Ihrer Liste, aber nicht markiert war, weil Sie ihren Wunsch nicht kannten, habe ich einen Vorschlag. Es handelt sich um vier Buchstaben: FBEB. F bedeutet Familie. B bedeutet Beruf. E bedeutet Erholung. B bedeutet Botschaft. Es ist eine tolle Möglichkeit, ein Gespräch zu beginnen und die Wünsche einer Person herauszufinden. FBEB funktioniert nicht nur mit Leuten, die Sie kennen, sondern auch mit denen, die nur entfernte Bekannte oder Ihnen gar völlig fremd sind.

Wenden wir es zuerst bei Leuten an, die Sie kennen. Stellen Sie sich vor, Sie kennen die Person, weil Sie sie ab und zu beruflich treffen. Sie haben sich schon oft unterhalten, aber nie über persönliche Dinge. Sie werden folgendes machen, wenn Sie die Person das nächste Mal treffen. Beginnen Sie ein Gespräch und konzentrieren Sie sich zunächst auf die Buchstaben FBE, also Familie, Beruf und Erholung. Gleichzeitig stellen Sie sich vor, Sie hätten einen Aktenschrank in Ihrem Kopf. Dieser Aktenschrank trägt den Titel »Wünsche«. Ihr Ziel ist es, jeden Wunsch, den diese Person im Laufe eines Gesprächs äußert, im Aktenschrank abzulegen, bis Sie den größten Wunsch herausgefunden haben. Diesen Wunsch verwenden Sie dann in Ihrer Einladung.

Hier ist noch ein Beispiel. Sie treffen sich beruflich mit dieser Person und erledigen das Geschäftliche. Dann beginnen Sie ein Gespräch über das F, also über die Familie. Sie fragen, ob er (oder sie) verheiratet ist. Hat er Kinder? Wohnt er in der

Nähe? Im Laufe des Gesprächs finden Sie vielleicht heraus, daß er in einer kleinen Wohnung wohnt, aber gerne ein Haus hätte. Oder vielleicht hat die Familie so viele Kinder, daß sie dringend ein größeres Haus braucht. Oder er erzählt, daß das älteste Kind jetzt ein Studium beginnt in einer anderen Stadt. Sie könnten sagen: »Das Studieren ist nicht gerade billig heutzutage. Aber Sie können es sich sicher leisten«. Er wird Ihnen antworten, daß er es sich nicht leisten kann, oder er wünschte sich, er könnte es sich leisten. Versuchen Sie, Fragen so zu stellen, daß er Ihnen von den Dingen erzählt, die er tun oder sich leisten würde, wenn er das Geld dazu hätte.

Wenn Sie das B, also den Beruf ansprechen, sagen Sie immer: »Diesen Job machen Sie wirklich gut. Sie müssen Ihre Arbeit ja lieben!« Es ist erstaunlich, wie oft Leute Ihnen erzählen, was sie an ihrem Job hassen, wenn Sie sagen, er müsse seinen Job lieben. Wenn Sie sagen, er müsse seinen Job hassen, wird er Ihnen auflisten, was er an dem Job liebt. Menschen verhalten sich einfach komisch. Reden Sie also darüber, wie sehr er seinen Job lieben müsse. Er wird Ihnen schon sagen, was er daran nicht liebt.

Wenn Sie zum E, also zur Erholung kommen, fragen Sie ihn, was er in seiner Freizeit macht. Vielleicht sagt er, daß er gerne angeln geht. Sie fragen ihn dann, was für ein Boot er hat. Solche Fragen sind lenkende Fragen. Er wird vielleicht antworten, daß er kein Boot besitzt, aber gern eines hätte. Ihre nächste Frage erlaubt ihm, Ihnen zu sagen, welches Boot er sich wünscht.

Jetzt kommen wir zum zweiten B, das für Botschaft steht. Wenn Sie die Person kennen, sollten Sie die Botschaft nicht während dieses Gesprächs übermitteln. Ich empfehle Ihnen, die Botschaft später am selben Tag oder am Tag darauf zu übermitteln. Sie rufen die Person an und verwenden den direkten Ansatz. Sie sagen also: »Ich habe nur einen Moment Zeit, aber ich habe gerade über unser gestriges Gespräch nachgedacht. Sie sagten, Sie wollen Ihrem Kind das Studium finanzieren, oder Sie wünschen sich ein neues Haus, oder ein größeres Haus, oder ein Boot«. (Es kommt darauf an, was Sie als seinen Hauptwunsch definiert haben). Dann sagen Sie: »War es Ihr Ernst, oder haben Sie nur Spaß gemacht?« (Er sagt, es war sein Ernst). Sie sagen: »Ich glaube, ich weiß, wie Sie es schaffen können. Im Moment kann ich nicht näher darauf eingehen, aber nächste Woche bin ich wieder in Ihrer Gegend. Warum treffen wir uns nicht zum Mittagessen? Ich möchte Ihnen von einer Idee erzählen«. Ihr Gesprächspartner denkt, Sie hätten nur wegen des vorherigen Gespräches angerufen.

Jetzt kommen wir zum Szenario mit einem Fremden. Wo treffen Sie Fremde? Sie treffen sie überall. Sie treffen Sie beim Arzt, in Warteschlangen, im Bus ... Nehmen wir an, Sie befinden sich im Wartezimmer eines Arztes und beginnen ein Gespräch mit einem Fremden. Vielleicht reden Sie über den Arzt. Seit wann hat er die Praxis? Durch das Gespräch gelangen Sie vielleicht dazu, über den Wohnort des Fremden zu reden. Wohnt er in der Nähe? Hat er Kinder, die hier zur Schule gehen? Ein ähnliches Gespräch wie das, welches Sie mit der Ihnen bekannten Person führten.

Vielleicht fragen Sie ihn, was er beruflich macht. Egal was er sagt – auch wenn er Gräben aushebt – Sie sagen immer: »Ich wette, Sie lieben Ihren Job«. Und wenn er das Gegenteil behauptet, legen Sie diese Antwort in Ihrem Aktenschrank ab. Dann reden Sie darüber, was er zur Erholung in seiner Freizeit tut, oder wieviel Urlaub er im Jahr bekommt. Vielleicht sagt er, er bekommt nur ein paar Wochen im Jahr, zu wenig, um eine große Urlaubsreise zu machen. Sie fragen ihn vielleicht, was er tun würde, wenn er die Zeit hätte. Er wird vielleicht antworten, daß er gerne reisen würde, und Sie sagen: »Ja, ich auch. Waren Sie schon mal auf Hawaii?« Er wird vielleicht antworten: »Nein, aber ich würde gerne dorthin fahren«. Dies sind seine Wünsche. Sie reden über Familie, Beruf und Erholung. Die meisten Menschen reden gerne über sich, wenn Sie ihnen Fragen stellen.

Manchmal empfehle ich, daß Sie jede Gelegenheit nutzen, um solche Gespräche zu führen, unabhängig von der Übermittlung der Botschaft. Sie müssen es üben. Sie müssen diese Gespräche üben, damit Sie sich dabei wohl fühlen, über Familie, Beruf und Erholung zu reden. Mit einem Fremden besteht der einzige Unterschied darin, daß Sie die Botschaft, wenn überhaupt, sofort an Ort und Stelle übermitteln müssen. Überlassen Sie es nicht dem Zufall. Verlassen Sie sich nicht darauf, die Telefonnummer der Person im Telefonbuch zu finden. Vielleicht warten Sie aber ganz bis zum Schluß, bis Ihre Wege sich trennen. Dann könnten Sie wieder den direkten Ansatz benutzen: »Hören Sie, wir können uns nicht länger unterhalten, da der Arzt Sie gerufen hat, doch Sie sagten gerade, Ihre Arbeit gefällt Ihnen nicht. Sagten Sie das im Ernst, oder war es nur Spaß?« Er sagt: »Nein, ich sagte es im Ernst«. Sie sagen: »Ich glaube, ich könnte Ihnen vielleicht helfen. (Hier würde ich vielleicht erwähnen, daß ich mein Geschäft erweitern will, aber im Moment nicht darauf eingehen kann). Tauschen wir doch Visitenkarten oder Telefonnummern aus. Ich rufe Sie an, und wir können uns zusammensetzen. Ich möchte Ihnen von einer Idee erzählen«. Wieder die gleiche Vorgehensweise. Mit einem Fremden verwenden Sie den direkten Ansatz. Sie benutzen das vorangegangene Gespräch, um Wünsche zu identifizieren. Sie legen diese Wünsche im Aktenschrank ab, und im letzten Moment verwenden Sie den, Ihrer Meinung nach größten Wunsch.

FBEB ist ein tolles Werkzeug, daß Sie jeden Tag in jedem Gespräch benutzen sollten.

Der indirekte Ansatz

Jetzt werden wir über den indirekten Ansatz sprechen, einer meiner Lieblingsansätze. Dieser Ansatz hat nicht dieselben vier Schritte wie der direkte Ansatz, aber ich benutze dabei immer den ersten Schritt, die Einführung. Diesen Schritt verwende ich, damit ich nicht zu lange am Telefon bleiben und Fragen beantworten oder viel reden muß. Stattdessen will ich einen Termin vereinbaren.

Der indirekte Ansatz handelt von der Umgebung. Ich verwende ihn unter der Voraussetzung, daß ich mein Geschäft in dem Gebiet, in dem die Person zufälligerweise lebt, expandieren will. Nehmen wir zum Beispiel an, ich kenne jemanden, der in Atlanta wohnt. Ich rufe ihn an und sage: »Hallo, wie läuft's denn so? Hören Sie, ich habe nur kurz Zeit, aber mein Anruf hat einen Grund. Ich expandiere mein Geschäft in Atlanta und dachte, Sie würden vielleicht jemanden kennen, der ein selbständiges Geschäft aufmachen möchte. Es könnte zwischen drei- und fünftausend Dollar im Monat bringen. Wen kennen Sie?« ›Wen kennen Sie‹ ist eine Frage mit offenem Ende, die einen Namen verlangt. Sagen Sie niemals, »Kennen Sie jemanden?«, denn die Frage muß mit einem Ja oder Nein beantwortet werden. Eine Frage mit geschlossenem Ende also. Ich sage immer: »Wen kennen Sie?«

Fast immer lautet die Antwort: »Wie wäre es mit mir? Ich könnte daran interessiert sein. Worum geht es denn?« Jetzt können Sie ihm einen kleinen Überblick geben und ein Treffen zum Besprechen weiterer Details ausmachen, oder Sie schikken ihm Kassetten, ein Video und hochwertige Unterlagen, um das große Bild Ihrer Geschäftsgelegenheit zu erklären. Wie Sie sicher bemerkt haben, habe ich auch einen Einkommensbereich erwähnt. Ich versuche einen Einkommensbereich zu nennen, der für die Gegend üblich ist. Lebte die Person in New York oder Kalifornien, würde ich vielleicht höhere Zahlen wählen – $5.000 bis $7.000 monatlich. Im mittleren Westen würde ich etwas niedrigere Zahlen nennen. Ich möchte ein sehr gutes Einkommen angeben. Es soll nicht unerhört hoch oder einfach unglaublich sein. Auch soll es nicht so niedrig sein, daß es uninteressant erscheint. Also versuche ich einen Einkommensbereich zu nennen, der das Interesse weckt. Es ist wichtig, einen solchen Bereich zu wählen.

Diesen Ansatz könnte ich auch bei Leuten benutzen, die ich nicht kenne. Ist Ihnen schon einmal aufgefallen, wenn Sie einem Menschen vorgestellt werden und Sie Ihren Namen nennen, daß Sie oftmals gefragt werden, woher Sie kommen? Wie antworten Sie? Sie sagen: »Ich bin aus Florida. Und wo wohnen Sie?«. Vielleicht wird er sagen: »Ich wohne in Nashville, Tennessee«. In einer solchen Situation fasse ich mir am Kopf und sage: »Wirklich? Das gibt's doch nicht!«. Dann erzähle ich, daß ich mit meinem Geschäft gerade in Nashville, Tennessee, expandieren will. »Vielleicht kennen Sie sogar jemanden, der gerne ein eigenes Geschäft hätte. Es könnte $3.000 bis $5.000 im Monat nebenher einbringen. Wen kennen Sie?«. Es ist erstaunlich, wie häufig Sie einen Namen genannt bekommen – und oftmals sagt der Gesprächspartner, daß er vielleicht selbst Interesse daran hätte.

Diese umgebungsbezogene Einladung wirkt sogar rückwärts. Manchmal fange ich ein Gespräch an, indem ich jemanden frage, wen er in Nashville, Tennessee kennt. Ich bin berüchtigt dafür, solche Gespräche im Fahrstuhl anzufangen. Oftmals schauen mich die Leute an, als sei ich verrückt, doch meistens antwortet einer darauf und fragt mich, warum. Immerhin haben sie nicht viel anderes zu tun, als auf ihre Füße oder das Display zu schauen. Selten werden sie andere anschauen oder mit ihnen reden. Wenn der Fahrstuhl über vier Stockwerke fährt, bekomme ich meistens die ganze Einladung heraus. Ich gebe Ihnen ein Beispiel:

Paula: *»Hallo!«*

Paula: *»Wen kennen Sie in Nashville?«*

Fahrgast: *»Wieso fragen Sie?«*

Paula: *»Ich expandiere mein Geschäft in Nashville. Ich suche jemanden, der ein selbständiges Geschäft haben möchte. Es könnte zwischen $4.000 und $6.000 monatlich einbringen. Wen kennen Sie in Nashville?«*

Fahrgast: *»In Nashville kenne ich niemanden. Wären Sie daran interessiert, Ihr Geschäft auch hier in Cincinatti zu erweitern?«*

Paula: *»Nun, vielleicht schon. Tauschen wir doch Telefonnummern aus und vereinbaren einen Termin, wann wir darüber reden können.«*

Fahrgast: *»Gut!«*

Auch wenn sich nichts aus meinen Erlebnissen im Fahrstuhl ergibt, es macht mir einfach Spaß, die Reaktionen der anderen zu beobachten. Aus dem Geschäft mache ich ein Spiel, bei dem jeder gewinnt. Je mehr Sie das Unerwartete tun, umso mehr werden Ihnen die Reaktionen anderer gefallen.

Wir haben unzählige Gelegenheiten, Leute kennenzulernen und eine umgebungsbezogene Einladung auszusprechen. Ich weiß, daß es für Neulinge in diesem Geschäft nicht einfach ist, ein Gespräch mit Fremden anzufangen oder mit Leuten zu reden, die man zufällig trifft. Sie müssen kein Experte darin sein. Fangen Sie klein an. Führen Sie eine kleine Liste, um Ihre Erfolge festzuhalten. Fangen Sie an mit einem einfachen »Hallo!«. Wenn Sie sich dabei wohl fühlen, können Sie etwas sagen wie: »Hallo, wie geht es Ihnen?«. Diese kleinen Übungen werden Ihnen guttun. Gewöhnen Sie sich daran, das FBE zu benutzen, und lassen Sie das zweite B für Botschaft erst einmal weg. Sagen Sie sich, das B können Sie erst in einer Woche in

Angriff nehmen. Konzentrieren Sie sich auf FBE, bis Sie sich im Gespräch mit anderen wohl fühlen. Im Laufe dieses Prozesses werden die Einladungen immer natürlicher. Sie gehen Ihnen leicht über die Lippen. Am Anfang werden Sie meist Leute einladen, die Sie kennen. Leute einzuladen, deren Wünsche Sie bereits kennen, ist anfangs das Einfachste. In diesem Kapitel gibt es viel, das Sie sich merken müssen. Überarbeiten Sie einige der Textvorlagen und üben Sie. Machen Sie eine Unterbrechung und verdauen Sie erst einmal die Informationen. Im nächsten Kapitel reden wir darüber, wie Sie die Präsentation machen. Mit jedem Schritt des Prozesses werden Sie zum Profi. Sie lernen, die von Spitzenkräften eingesetzten Prozesse zu duplizieren.

Der Erfolg liegt in der Show

Der Erfolg liegt nicht darin, wie gut Sie die Präsentation machen, oder wo Sie die Präsentation machen; auch nicht darin, wie Sie die Präsentation gestalten. Der Erfolg liegt darin, daß Sie die Präsentation mehrmals geben. Der Erfolg liegt in der Show. Ihr Erfolg liegt darin, das Geschäft immer und immer wieder vorzuzeigen. Kurz gesagt, wenn ich ein Talent aussuchen müßte, etwas, was Sie wirklich sehr, sehr gut beherrschen müssen, dann wäre es das Einladen. Wenn Sie einen oder mehrere Texte erlernen könnten, und auch lernen könnten, sich beim Einladen anderer wohl zu fühlen, hätten Sie eine nie versiegende Quelle von Leuten, denen Sie das Geschäft vorstellen könnten. Eine gute Einladung bedeutet viele Shows.

Gewinner sein im Nummernspiel

In diesem Nummernspiel haben Sie die besseren Chancen. Wenn Sie meine Prinzipien ausüben, stehen die Chancen sehr gut, daß Sie einen Haufen Geld verdienen und viel Spaß dabei haben, während Sie es tun. Der Schlüssel ist, es zu tun! Je mehr Leuten Sie Ihr Geschäft zeigen, umso größer sind die Chancen, daß einige sich Ihnen anschließen werden. Das Gleiche gilt für jede Art des Marketings. Wenn Sie

Makler sind, steigen Ihre Chancen, ein Haus zu verkaufen, je öfter Sie es vorzeigen. In diesem Sinne unterscheidet sich Network Marketing nicht von anderen Geschäftsarten. Es ist ein Geschäft mit Zahlen.

Woran mag es liegen, daß wir diese Tatsache in der traditionellen Geschäftswelt akzeptieren, doch im Network Marketing erwarten wir, daß jeder automatisch »Ja« sagt? Vielleicht wird es nicht jeder so sehen und sich sofort einschreiben lassen, wie wir es tun. Manchmal muß man es mehr als einmal sehen. Einige Leute hören vielleicht einige gute Präsentationen von Ihnen und anderen Networkern, bevor sie bereit sind, einzusteigen. Andere werden einfach nie in das Geschäft einsteigen.

Jedesmal, wenn Sie Zeit daran verschwenden, sich wegen eines anderen traurig zu fühlen, weil er die wunderbaren Möglichkeiten des Networkings im allgemeinen und Ihres Unternehmens im besonderen nicht erkannt hat, verlieren Sie Geld, Zeit und Schwung. Versuchen Sie nicht weiterhin, das Unerreichbare zu erreichen – gehen Sie weiter! Schließlich gibt es viele Fische im Meer. Was ist eines der wichtigsten Worte im Network Marketing? NÄCHSTER!

Das Wichtigste ist, eine so gute Präsentation wie nur möglich zu geben und das dabei entstehende Bild oder die Vision so groß wie möglich darzustellen. Halten Sie sich nicht damit auf, die Präsentation und die sie umgebenden Umstände zu perfektionieren. Zeigen Sie die Sache einfach. Zeigen Sie sie oft, zeigen Sie sie mit Begeisterung und mit Überzeugung. Und am wichtigsten: zeigen Sie sie mit Engagement!

Machen Sie nicht sich selbst zur Hauptsache

Konzentrieren Sie sich auf das Geschäft. Wenn Leute »Ja« sagen, sagen sie »Ja« zum Geschäft. Wenn sie »Nein« sagen, sagen sie »Nein« zum Geschäft. Sie sagen nicht »Nein« zu Ihnen als Person. Nehmen wir an, Sie machen gerade eine Diät, und eine freundliche Nachbarin kommt vorbei und bietet Ihnen selbstgemachten Kuchen an. Wenn Sie »Nein« sagen, lehnen Sie den Kuchen oder die Nachbarin ab? Sie lehnen natürlich den Kuchen ab. Mit Network Marketing ist es dasselbe.

Ich verwende häufig ein Gleichnis mit dem Reifenhersteller Michelin, wenn ich versuche, den Unterschied zwischen Botschaft und Botschafter deutlich zu machen. Wenn Michelin heute einen Ausverkauf veranstalten würde – $5 für jeden Reifen, bis alle verkauft sind – wäre das ein gutes Geschäft. Ich würde vielleicht ein paar Reifen kaufen und sie lagern, bis ich sie gebrauchen könnte. Wenn Sie ein Freund von mir wären, würde ich Sie anrufen und sagen: »Ich weiß nicht, ob du vielleicht neue Reifen brauchst, aber Michelin macht gerade einen Ausverkauf. Fünf Dollar für jeden Reifen, bis alle verkauft sind. Ich wollte es dir nur gesagt haben«.

Würden Sie den Anruf schätzen, wenn Sie mein Freund wären? Natürlich würden Sie das! Macht es mir etwas aus, wenn Sie keine Reifen kaufen? Natürlich nicht! Macht es mir etwas aus, wenn Sie von diesem Angebot nicht erfahren? Aber ja, doch! Genauso sollten Sie über Ihr Network Marketinggeschäft denken. Macht es Ihnen etwas aus, wenn sie das Geschäft nicht ergreifen? Nein! Macht es Ihnen etwas aus, wenn andere von Ihrer Gelegenheit nichts erfahren? Ja!

Wenn ich auf Ihrer Liste wäre und Sie warteten sechs Monate, bevor Sie mich informierten, wäre ich furchtbar sauer. Es würde unsere Freundschaft auf jeden Fall beeinflussen. Ich hätte das Gefühl, Sie hätten sechs Monate meiner Zeit verschwendet, in denen ich das Geschäft mit Ihnen zusammen hätte aufbauen können. In diesem Moment gibt es Freunde und Bekannte auf Ihrer Liste, die Sie noch nicht kontaktiert haben. Sie werden sich nicht freuen, wenn sie erfahren, daß Sie bereits vor sechs Monaten etwas hätten sagen können und Ihre Freunde und Bekannten hätten sechs Monate weiter sein können als heute.

Es gibt Leute, die nach der schlechtesten Präsentation sofort einsteigen. Es gibt andere, die nach der besten Präsentation aller Zeiten nicht einsteigen. Entweder man sieht es, oder man sieht es nicht. Übermitteln Sie die bestmögliche Botschaft. Geben Sie Ihr Bestes. Versuchen Sie nicht, ein anderer zu sein, denn das funktioniert sowieso nicht. Sie müssen weder perfekt noch Experte sein. Erzählen Sie einfach Ihre Geschichte und seien Sie sie selbst. Die anderen werden es entweder sehen, oder sie sehen es nicht. Glauben Sie nicht, Sie müssten alle Antworten kennen, wenn Sie einmal über eine Frage stolpern.

Für mich war es befreiend zu erfahren, daß ich nicht die Hauptsache war. Ich fühlte mich so erleichtert. Meine ganze Einstellung änderte sich. Der Prozeß und die Zahlen waren die Hauptsache, nicht ich. Machen Sie folgendes: entschuldigen Sie sich nicht, wenn Sie jemanden anrufen. Sagen Sie nicht: »Ach, wenn du mir bloß eine halbe Stunde deiner Zeit opfern könntest. Vielleicht würden auch zwanzig Minuten reichen. Ich könnte es sogar vielleicht in fünfzehn Minuten schaffen. Bitte, bitte, bitte!«. Denken Sie daran, Sie sind nicht die Hauptsache. Sie müssen Ihre Würde behalten.

Wie zeige ich es denn? Hier sind die Möglichkeiten!

Am Anfang kann jeder dieses Geschäft präsentieren. Die meisten Unternehmen haben Videos über das Unternehmen, die Produkte und Präsentationen, außerdem Hörkassetten mit Präsentationen, die Sie Ihren Interessenten geben können. Wenn Ihr Kontakt die Spieltaste am Kassettenrecorder drücken kann, dann kann er sich auch über Ihr Geschäft informieren. Diese Werkzeuge eignen sich außerdem als hervorragende Lehrmittel, um eine Präsentation auswendig zu lernen.

Gleichzeitig bieten viele Firmen örtliche Informationstreffen oder Geschäftspräsentationen, zu denen Sie Gäste mitbringen können. Heutzutage nutzen viele Unternehmen fortschrittliche Technologien, wie zum Beispiel Satellitenübertragungen. Wenn Sie eine Satellitenschüssel aufbauen können oder ein Mitglied Ihrer Upline kennen, das eine hat, laden Sie einen Gast ein, stellen Sie das Programm ein und holen Sie die Präsentation in Ihr Wohnzimmer. Diese Präsentation so schnell wie möglich auswendig zu lernen ist trotzdem wichtig, denn so haben Sie die Freiheit, die Präsentation alleine und überall zu zeigen, wenn es Ihnen gerade paßt. Wir haben einen Leitspruch: »Wer den Markt in Händen hält, der verdient das Geld!«

Eine der besten Methoden, die Präsentation zu erlernen, ist, die mündliche Präsentation eines Mitglieds Ihrer Upline, das Sie als Vorbild ansehen, aufzunehmen. Wenn Ihr Sponsor oder Ihre Upline eine Präsentation gibt, müssen Sie dorthin gehen und Ihren Kassettenrecorder mitnehmen. Wird eine Präsentation in Ihrer Gegend angeboten, vielleicht in einem Hotel oder Restaurant, müssen Sie sie aufzeichnen. Dann bringen Sie das Aufgenommene zu Papier, lernen Sie jeden Aspekt der Präsentation auswendig, bis Sie sie perfekt beherrschen, und geben Sie sie Wort für Wort wieder.

Andere Länder, andere Sitten: *Die Präsentation von Angesicht zu Angesicht*

Reden wir ein wenig über verschiedene Präsentationsarten. Die erste ist die Präsentation von Angesicht zu Angesicht. Wir nennen sie eins-zu-eins Präsentationen. Dabei setzen Sie sich hin und geben die Präsentation für eine Person. Sie können Ihren Sponsor oder eine andere Person Ihrer Upline dazu einladen, damit sie Sie unterstützen. Eine solche Präsentation findet in der Regel zu Hause statt, im Büro oder sogar in einem Restaurant. Es ist wichtig, Material über die Firma dabei zu haben. Je mehr Dokumentation Sie haben, um die Glaubwürdigkeit des Unternehmens zu untermauern, umso besser. Vielleicht sollten Sie auch ein paar Produkte dabei haben – auf jeden Fall Bilder der Produkte, damit der andere sehen kann, wie professionell die Firmenliteratur ist.

Die Präsentation in der kleinen Gruppe

Eine zweite Präsentationsart ist die Präsentation in der Kleingruppe. Diese findet in einem Besprechungsraum statt, in einem Büro oder zu Hause. Entweder machen Sie die Präsentation alleine, oder Ihre Upline hilft Ihnen dabei. Über Präsentationen zu Hause werde ich etwas später mehr erzählen.

Die Präsentation in der großen Gruppe

Die dritte Präsentationsart ist die in der großen Gruppe. Solche Präsentationen finden in einem Hotel oder einem großen Besprechungsraum statt. Bei großen Präsentationen gibt es normalerweise viele Leute, die Aussagen über Ihre Erfahrungen machen und somit die Glaubwürdigkeit des Unternehmens noch weiter untermauern. Außerdem trägt es zur Atmosphäre der Begeisterung bei, und Ihre Gäste erleben, wie viele Menschen von Ihrem Unternehmen begeistert sind.

Dank moderner Technologie gibt es noch andere Werkzeuge, die uns dabei helfen, unser Geschäft zu präsentieren. Tonbandkassetten und Videobänder als Darstellungsmöglichkeiten für das Geschäft habe ich bereits erwähnt. Konferenzschaltungen am Telefon, mit Ihrer Upline und Ihrem Kontakt, sind auch eine Möglichkeit. Ich sagte Ihnen, daß Sie das Geschäft nicht am Telefon erklären sollten. Doch manchmal kann es ganz nützlich sein, vor allem, wenn Ihr Kontakt weit weg wohnt und Sie keine andere Möglichkeit haben, sich in naher Zukunft mit ihm zu treffen. Außerdem macht die Konferenzschaltung aus Ihrem Gespräch mehr als nur eine Übersicht, denn die dritte Person, die bereits erfolgreich in diesem Geschäft ist, verleiht Ihrer Aussage Glaubwürdigkeit.

Konferenzschaltung und Präsentation

Lange Arbeitszeiten und das Jonglieren mit Familie und Beruf machen die Zeit zu etwas sehr wertvollem. Meiner Meinung nach ist dies der Grund dafür, daß Konferenzschaltungen eine der schnellstwachsenden Methoden des Präsentierens sind. Jetzt können wir jemanden dazu einladen, sich an einem Konferenzgespräch zu beteiligen, in dessen Verlauf er viel vom Inhalt und von der Begeisterung eines großen Treffens mitbekommt, ohne sein Haus zu verlassen.

Bei Konferenzschaltungen handelt sich meist um Gespräche mit einer Dauer von fünfzehn bis zwanzig Minuten. Der Gast wählt eine bestimmte Nummer und kann dem Sprecher auf einer Zuhörerleitung zuhören, der über die Geschäftsgelegenheit erzählt. Es ist durchaus üblich, daß der Sprecher weitere Personen in seiner Sprecherleitung hat, die über ihre guten Erfahrungen mit dem Unternehmen berichten, oder die die Funktionsweise des Produktes bestätigen. Solche Konferenzschaltungen zeigen oftmals die Begeisterung anderer, was der Übersicht oder Präsentation eine besondere Note verleiht. Wie Sie sehen, habe ich von Zuhörerleitungen und Sprecherleitungen geredet. Schließlich wollen Sie nicht alle Zuhörer in derselben Sprecherleitung haben. Hintergrundgeräusche und Gerede können einen energiegeladenen Anruf verderben.

Die Präsentation via Satellit

Die Präsentation via Satellit ist technologisch sehr fortgeschritten und kann für Ihre Gäste ein großes Ereignis darstellen. Viele Unternehmen benutzen die neue Technologie nicht nur für Trainings, sondern auch für Präsentationen. Wenn Sie eine Satellitenschüssel besitzen, können Sie eine oder mehrere Personen zu sich nach Hause einladen, um die Präsentation mitzuerleben. Eine Gruppe von Beratern kann sich die Kosten und das Erlebnis einer Satellitenübertragung teilen. Satelliten sind inzwischen zu einem tollen Werkzeug im Network Marketing geworden.

Das Format einer Präsentation

Die Präsentation zu zeigen ist sehr einfach im Network Marketing. Sie benutzen entweder die vorhandene Technologie oder die Meetings, Sie lernen die Präsentation schnell auswendig, und sind dann in der Lage, selber eine Präsentation zu geben, jederzeit und überall. Wie fast alles im Network Marketing, sollte auch Ihre Präsentation so sein wie die der Personen, die Sie bewundern. Diese Leute geben mit Sicherheit duplizierbare Präsentationen.

Ich hatte immer einen gewissen Umriß im Kopf, den ich befolgte, und der meist wie folgt aussah: während einer Präsentation rede ich zunächst über die Trends , die zu meinem Unternehmen führen, und weshalb gerade dieses Unternehmen so gut zu den Bedürfnissen und Wünschen der heutigen Verbraucher paßt. Ich erkläre die große Nachfrage nach den Produkten, die mein Unternehmen anbietet. Danach gebe ich meinen Gästen eine Übersicht über das Unternehmen selbst, gefolgt von Informationen über die verschiedenen Produkte, die das Unternehmen anbietet. Ich spreche auch über den Vergütungsplan und erkläre, wie das Geld verdient wird. Danach kommen das Training und die Unterstützung, die innerhalb meiner Organisation und vom Unternehmen erhältlich sind. Zu guter Letzt berichte ich von der Belohnung und Anerkennung, die jeder bekommt, wenn er sich unserem Team anschließt. Das war der Umriß. Falls ich von einem Gast mit einer Frage unterbrochen wurde, wußte ich immer, wo ich den Faden wieder aufnehmen mußte. Ich mußte nicht wieder von vorne beginnen.

Einige Leute haben Bücher (genannt »pitch books«) entwickelt, die eine gut duplizierbare Präsentationsmethoden vorstellen. Solche Bücher enthalten all diese Informationen, Schritt für Schritt, von der ersten Seite an bis zur letzten Seite. Der Networker benutzt das Buch, um das Geschäft zu erklären. Ich habe es nicht so gern, denn es kommt mir gekünstelt vor und erinnert mich an Direktverkäufer. Ich versuche, Verhaltensweisen zu vermeiden, die andere an das Erlebnis erinnern, über den Tisch gezogen worden zu sein. Ein Buch kann jedoch eine gute Wirkung erzielen, wenn es als Zusatzmittel oder in der letzten Minute eingesetzt wird. »Übrigens, ich habe hier etwas Literatur, die Sie sich anschauen können, während ich die Gelegenheit erkläre«. Wenn Sie kein Buch haben, sollten Sie sich auf jeden Fall Broschüren und andere Unternehmensliteratur besorgen, um die Professionalität Ihres Unternehmens zu demonstrieren. Und denken Sie daran, daß manche durch das Hören lernen, andere eher durch das Sehen. Verwenden Sie also einen Schreibblock und machen Sie Zeichnungen, um Ihre Worte zu unterstützen. Diese Zeichnungen können Sie natürlich auch vorher anfertigen.

Konzentrieren Sie sich auf das »warum« und nicht auf das »wie«

Bei einer Präsentation ist es wichtig, sich auf das »warum« zu konzentrieren. Verstricken Sie sich nicht in das »wie«. Verstehen Sie, wenn Leute eine Präsentation zum ersten Mal sehen, haben sie zwei Gedanken: 1) wo ist der Haken , und 2) warum erzählen Sie Ihnen von der Gelegenheit. Es ist der alte Verdacht: »Was hat er denn davon?«. Natürlich, denn in der traditionellen Geschäftswelt gibt niemand einem anderen die Möglichkeit, eine große Menge Geld zu machen. Die meisten Menschen glauben einfach nicht, daß jemand einem anderen hilft, sich ein neues Haus oder Auto zu leisten, sich von einem ungeliebten Job zu trennen oder sein Leben durch finanzielle Unabhängigkeit zu ändern. So etwas gibt es einfach nicht. Wenn Sie also zuviel Zeit mit dem »wie« verbringen, geben Sie anderen die Gelegenheit, nach einem Haken zu suchen oder nach Gründen, warum sie es nicht tun sollten, oder sie fangen an, die Dinge falsch zu interpretieren.

Ich erinnere mich an eine Präsentation, bei der es um Wasserfilter ging. Die Firma produzierte unter anderem einen großen Filter für Einfamilienhäuser, und der Sprecher sagte, der Filter müsse von einem Klempner eingebaut werden. Eine eigentlich unschuldige Aussage, doch es war eine »wie« Aussage, keine »warum« Aussage. Sie müssen sich darauf konzentrieren, warum Leute das Geschäft machen sollen, nicht wie sie es machen sollen. Mit dieser kleinen, unschuldigen Aussage im Hinterkopf ging ein eingeladenes Ehepaar begeistert und aufgeregt nach der Präsentation nach Hause. Doch plötzlich fragten sie sich, was der Sprecher wohl meinte, als er sagte, man bräuchte einen Klempner, um diesen Filter einbauen zu lassen. Heißt das, daß wir Klempner werden müssen? Müssen wir die Klempnerschule besuchen? Was kostet es überhaupt, die Klempnerschule zu besuchen? Was werden unsere Freunde denken, wenn wir Klempner werden. Vielleicht meinte der Sprecher, wir müssen einen Klempner anstellen, der für uns die Filter einbaut. Nein, ich glaube nicht, daß wir dieses Geschäft machen können. Wenn die Person, die uns eingeladen hat, anruft, dann sagen wir einfach, wir hätten die Zeit nicht. Wir sagen, daß wir aus Zeitmangel kein Interesse daran haben. In diesem Fall wird die einladende Person nie den wirklichen Grund der Absage erfahren. Es lag alles an einer kleinen »wie« Aussage, wobei der Sprecher sich auf das »warum« hätte konzentrieren müssen.

Verstehen Sie die Ängste der anderen

Wenn Leute sich eine Geschäftsgelegenheit ansehen, bringen sie eine Menge Ängste mit. Zum Beispiel die Angst, das Unternehmen könnte nicht funktionieren; die Angst vor dem Versagen; die Angst davor, was ihre Freunde wohl sagen werden; die Angst davor, den Job aufgeben und die Familie gefährden zu müssen; die Angst davor, viel Geld in das Geschäft investieren zu müssen; und vielleicht sogar die Angst davor, das hart Ersparte aufbrauchen zu müssen, bevor sie einen Gewinn erzielen.

Ich versuche, all diese Ängste im Hinterkopf zu behalten. Dadurch kann ich bestimmte Dinge in die Präsentation einbauen, die diese Ängste eliminieren. So verbringe ich zum Beispiel viel Zeit damit, über die Glaubwürdigkeit des Unternehmens zu erzählen, damit sie nicht nur die Angst loswerden, das Unternehmen könnte seine Tore bereits morgen schließen, sondern damit sie stolz sind, wenn sie anderen über das Unternehmen berichten. Ich erzähle auch, daß viele Leute erst nebenher anfangen. So müssen sie nicht den Job aufgeben und sich und ihre Familie in finanzielle Gefahr begeben. Außerdem rede ich darüber, wie ernst sie das Geschäft nehmen müssen. Wenn sie es wie ein Hobby behandeln, wird es sie wie ein Hobby bezahlen. Wenn sie es also ernst meinen, müssen sie dem Geschäft jede Minute außerhalb ihrer Arbeitszeit widmen. Ich spreche über die Möglichkeiten, dieses Geschäft mit einem Minimum an Gründungskosten zu beginnen: Produkte und Literatur in der Grundausstattung. Hier reden wir nicht von einem großen Franchisegeschäft. Man kann auf einer vernünftigen Ebene beginnen und es von dort aus aufbauen.

Außerdem erzähle ich von der Rückkaufgarantie des Unternehmens. Auf diesen Punkt habe ich sehr geachtet, als ich auf der Suche nach einem Unternehmen war. Von daher ist das Aufnehmen dieses Geschäfts in den meisten Fällen nicht mit einem finanziellen Risiko verbunden. Das einzige, was man verlieren kann, ist ein wenig Zeit. Aber wie groß kann die Belohnung sein, wenn man bereit ist, dieses Risiko einzugehen!

Einige Gäste werden vielleicht Angst haben, nicht zu wissen, was sie tun sollen, oder während des Lernprozesses keine Hilfe von anderen zu bekommen. Es ist eigentlich die Angst vor dem Versagen. Aus ihrer Sicht ist Network Marketing eine völlig neue Geschäftsmethode. Das traditionelle Geschäft hat ihnen die Angst vor dem Versagen eingeprägt. Sogar in der traditionellen Geschäftswelt wird man nicht immer richtig ausgebildet. Viele haben neue Jobs angenommen, in denen sehr wenig Hilfe und Unterstützung angeboten wird. Wenn Leute diese Angst ausdrücken, erzähle ich von der Hilfe und Unterstützung, die jedem gegeben wird und von den Werkzeugen, Technologien und Materialien, die das Unternehmen bereitstellt. Ich erkläre ihnen, daß sie eine ganze Upline haben, die ein begründetes Interesse an ihrem Erfolg hat. Denn die Upline verdient erst dann Geld, wenn auch die neuen Berater Geld verdient haben. Von daher liegt es im Interesse der Upline, zum Erfolg zu verhelfen, denn nur so wird auch die Upline erfolgreich.

Kontrollieren Sie die Ablenkungen während der Präsentation

Es ist sehr wichtig, die Ablenkungen während einer Präsentation unter Kontrolle zu halten. Ob eins-zu-eins, in einer kleinen oder großen Gruppe oder während einer Konferenzschaltung, Sie müssen die Ablenkungen kontrollieren. Sobald jemand abgelenkt wird, müssen Sie ihn wieder »an den Tisch« zurückholen und sich wiederholen. Falls es sich um eine Präsentation handelt, die sich nicht unterbrechen läßt, wird der Gast nach der Ablenkung vielleicht den Faden verloren haben und von da an im Dunkeln sitzen. Bei einem Treffen eins-zu-eins können Sie dafür sorgen, daß Sie nicht gestört werden. In einer kleinen Gruppe, vielleicht in einem Haus oder in einer Wohnung, ist es wichtig, Unterbrechungen durch das Telefon, durch Kinder und/oder Haustiere soweit wie möglich unter Kontrolle zu halten. Wenn Sie sich in einer Wohnung treffen, sollte es nach Möglichkeit Ihre eigene sein, denn dort haben Sie es einfacher, die Dinge zu kontrollieren.

Bei einer Präsentation in einer Wohnung mit einer kleinen Gruppe, sollten Sie den Gastgeber bitten, das Telefon abzustellen. Sorgen Sie dafür, daß alle Haustiere irgendwo gut aufgehoben sind. Die Kinder sollten einen Babysitter haben oder vielleicht schon im Bett sein. Während einer großen Präsentation ist es wichtig, daß weder Sie noch Ihre Gäste ständig aufstehen und sich wieder hinsetzen. Wenn ein Gast eine Frage hat, bitten Sie ihn, sich die Frage zu merken, um sie am Ende der Präsentation zu stellen. Kontrollieren Sie die Situation so gut Sie können, aus Höflichkeit anderen und deren Gästen gegenüber.

Machen Sie einen guten ersten Eindruck

Die Kleidungsordnung wird von der Art der Präsentation bestimmt. Es gibt viele Meinungen zu diesem Thema und ich möchte meine Gedanken darüber mit Ihnen teilen. Wenn ich ein Treffen eins-zu-eins habe, versuche ich, mich so wie mein Gesprächspartner anzuziehen. Treffen wir uns an einem Samstag, beispielsweise, und mein Gesprächspartner wartet zu Hause in Freizeitkleidung auf mich, werde ich mir keinen Geschäftsanzug anziehen. Ich ziehe mir ebenfalls Freizeitkleidung an. Damit meine ich nicht eine schmutzige Jeans und ein zerrissenes T-Shirt. Ich ziehe mir saubere, legere Freizeitkleidung an. Für eine Präsentation vor einer kleinen Gruppe Personen, die ich nicht kenne, ziehe ich mir einen Anzug an. Ich stelle sicher, daß der Gastgeber weiß, was ich tragen werde. Für Frauen eignet sich ein Hosenanzug, und für Herren ein legerer Straßenanzug. Findet das Treffen in einem Hotel statt, ziehe ich mir auf jeden Fall einen Geschäftsanzug an. Lassen Sie nie zu, daß Ihr Gast besser und passender gekleidet ist als Sie, egal, in welcher Umgebung Sie sich befinden.

Kleiden Sie sich zu einem Treffen in einem Hotel geschäftsmäßig, und Ihr Gast wird keine Bedenken haben, den Präsidenten seiner Bank oder einen professionellen Geschäftsmann zum nächsten Treffen mitzubringen. Die ganze Atmosphäre ist von Professionalität geprägt. Würden Sie einen erfolgreichen Spitzengeschäftsmann zu einem Treffen mitbringen wollen, zu dem alle in Jeans und ausgelatschten Sportschuhen erscheinen? Es würde ihm schwerfallen, das Geschäft ernst zu nehmen. Im Laufe der ersten Präsentation treffen Ihre Gäste vierzig Urteile über Sie. Nutzen Sie die Gelegenheit, jedes Urteil zu einem positiven Urteil zu machen. Sorgen Sie dafür, daß der Eindruck, den Sie machen, die Botschaft vermittelt, die Sie auch vermitteln wollen. Ein alter Spruch besagt: »Sie haben nur eine Chance, einen guten ersten Eindruck zu machen«.

Der Aufbau der Präsentation

Reden wir jetzt über einige Umgangsformen bei Präsentationen. Diese sind wichtig für Gruppentreffen, ob groß oder klein.

Der Aufbau der Präsentation für die kleine Gruppe

Wenn sich die kleine Gruppe in einer Wohnung trifft, würde ich die Möbel nicht umstellen. Sie können Stühle hinzu- oder wegstellen, wenn die Gäste ankommen. Wenn Sie einen Termin bestätigt haben und wissen, wie viel Platz und wie viele Stühle Sie brauchen werden, rufen Sie den Gastgeber am Vorabend an und sagen Sie: »Hallo, hier ist soundso. Haben wir für morgen abend 19.00 Uhr oder 19.30 Uhr vereinbart?«. Er antwortet: »Wir haben 19.30 Uhr abgemacht«, worauf Sie sagen: »Toll, ich wollte mich nur vergewissern. Dann bis morgen abend«. Damit bestätigen Sie die Uhrzeit und erinnern den Gastgeber an die morgige Präsentation.

Es ist immer schön, wenn Sie Ihre Gäste auf dem Weg zur Präsentation abholen können. So können Sie sicherstellen, daß sie auch kommen. Falls Sie diese Möglichkeit nicht haben, sollten Sie auf jeden Fall versuchen, sich den Termin und ihre Teilnahme bestätigen zu lassen. Seien Sie nicht überrascht, wenn nicht alle erscheinen. Für mich war das am Anfang meiner Karriere im Network Marketing sehr enttäuschend. Ich lud zehn Leute ein und nur drei erschienen. Am Anfang habe ich es sehr persönlich genommen. Das sollten Sie aber nicht tun. Verstehen Sie, Sie werden viel über andere Menschen lernen, während Sie Ihr Network Marketinggeschäft aufbauen; diejenigen, die Sie als zuverlässig einschätzten, die Ihrer Meinung nach ihre Versprechen halten, können sich als ganz andere Menschen entpuppen. Konzentrieren Sie sich auf diejenigen, die tatsächlich erscheinen, und nicht auf die, die nicht kommen.

Bei einer Präsentation zu Hause achte ich darauf, daß kein Flipchart oder weiße Schreibtafel aufgestellt ist. Ich hole sie erst dann hervor, wenn ich die Einleitung beendet und die Präsentation begonnen habe. Ich sorge dafür, daß sie greifbar in der Nähe ist und halte die Einführung. »Hallo! Heute abend sprechen wir über dieses Thema. Eigentlich wäre es toll, wenn ich etwas hätte, worauf ich schreiben könnte«. An dieser Stelle ziehe ich die Tafel hervor, ohne daß es wie gestellt und von langer Hand vorbereitet wirkt.

Zu Beginn der Präsentation sage ich den Gästen, sie möchten ihre Frage zum Schluß der Veranstaltung stellen. Ich erkläre, daß viele Fragen im späteren Verlauf der Präsentation beantwortet werden. So sorgen Sie für weniger Störungen und können potentiell negative Fragen in einem weniger bedrohlichen Gespräch eins-zu-eins beantworten.

Es hat sich als gut erwiesen, wenn der Sprecher am Ende der Präsentation sagt: »Gehen wir doch in die Küche und holen uns eine Erfrischung. Dort können Sie einige Produkte und Literaturbeispiele sehen, die unser Unternehmen vermarktet«. Der Gastgeber steht auf, und alle strecken und recken sich. Die Gruppe löst sich ein wenig auf. Ich habe dann die Gelegenheit, mit der Person, die meiner Meinung nach ein wenig skeptisch aussah, zu sprechen und ihre Fragen in einem persönlichen Gespräch zu beantworten. Gleichzeitig können andere Berater oder der Gastgeber Fragen in Gesprächen eins-zu-eins beantworten. Wenn jemand ein bestimmtes Anliegen hat, daß nicht auf andere zutrifft, dann bespricht man es nicht in der Gruppe, sondern in einem Einzelgespräch. Inzwischen reicht man einfache Erfrischungen. Kaffee, vielleicht, oder Limonade und Eistee, in Plastikbechern serviert. Wenn es überhaupt etwas Eßbares gibt, dann sollten es Kekse aus dem Supermarkt sein, die auf Papptellern mit einer Serviette gereicht werden. Denken Sie daran, es einfach zu halten. Tun Sie nur Dinge, die duplizierbar sind. So verhindern Sie, daß ein Gast denkt: ›In dieses Geschäft kann ich nicht einsteigen, denn wenn wir bei uns zu

Hause eine Präsentation geben sollen, müssen wir heiße Eisbomben servieren‹. Halten Sie das Geschäft einfach und duplizierbar. Pappteller, Plastikbecher und Kekse aus dem Supermarkt sind duplizierbar.

Der Aufbau der Präsentation für die große Gruppe

Für größere Treffen, die in Hotels stattfinden, habe ich ein paar Extratips. Zunächst ist es wichtig, daß die Temperatur im Besprechungsraum kühl ist. Kühle Luft hält die Leute aufmerksam. Ich empfehle Ihnen auch, das Licht so hell wie möglich zu stellen, damit die Gäste wach bleiben. Es gibt nichts schlimmeres als eine romantische Umgebung, in der die Augen zu wandern oder sich zu schließen beginnen. Stellen Sie niemals mehr Stühle auf, als Sie Gaste erwarten. Es ist viel besser, mehr Stühle zu holen, wenn mehr Leute erscheinen, als es so aussehen zu lassen, als hätten Sie für 100 geplant und nur dreißig sind erschienen.

Lassen Sie fetzige Musik laufen, während die Gäste eintreffen, um eine erhebende Atmosphäre zu schaffen. In einem Hotel oder bei anderen großen Präsentation sollten Sie eine sehr professionelle Produktausstellung sowie eine Leinwand für Folien oder Dias aufstellen. Ich bin ein großer Fan von Folien, denn sie erlauben dem Sprecher, mit dem Publikum zu agieren. Dias hingegen mag ich nicht so sehr, obwohl sie manchmal für große Gruppen notwendig sein können. Dias sind manchmal die einzige Möglichkeit, die Bildqualität auch für die Leute in den hinteren Reihen zu sichern. Wenn nötig, kann das Licht für Folien etwas abgestellt werden. So kann das Publikum die Folien sehen und Sie können mit dem Publikum in Interaktion treten. Folien können so einfach sein wie Schutzhüllen in einem Schreibblock. Folien können Sie als Teil eines Präsentationsbuches verwenden oder sie einem Publikum zeigen. Die meisten Hotels haben Overheadprojektoren, die einfacher zu bekommen sind als ein Projektor für Dias. Bedenken Sie, das sind meine persönlichen Präferenzen. Vielleicht denken Sie völlig anders über Präsentationsmaterial. Experimentieren Sie! Es ist Ihr Geschäft. Sie bestimmen, wo es langgeht!

Es ist schön, wenn Sie sich am Ende einer großen Präsentation mit Ihren Gästen in einem kleinen Kreis zusammensetzen können, um Fragen zu beantworten. Dadurch schaffen Sie eine intimere, private Atmosphäre. Es ist immer sehr wichtig, Ihren Sponsor und Ihre Upline vorzustellen. Diese Leute können Ihnen Glaubwürdigkeit verleihen und demonstrieren, daß Sie gute Unterstützung und Hilfe bekommen können, wenn Sie sie brauchen. Sie können für Sie und das Produktprogramm bürgen. Vielleicht sind gerade die Erfolgserlebnisse Ihres Sponsors ein Beispiel für die Stärken Ihres Programms. Es wird hoffentlich bereits einige Aussagen am Ende der Präsentation gegeben haben, die Unternehmen und Produkten beipflichten. Es ist immer schön, die Beipflichtung noch einmal in einem persönlichen Gespräch zu hören.

Da wir gerade bei Aussagen sind:

Hier möchte ich Ihnen einige Tips geben, wie eine Aussage gemacht werden sollte. Reden wir zuerst über die Wichtigkeit von Aussagen. Sie sind wichtiger als die Präsentation selbst. Sie pflichten dem Unternehmen, dem Produkt und Ihnen bei. Richtig gemacht, können sie einem Treffen die Krone aufsetzen – falsch gemacht, können sie ein Treffen zerstören. Aussagen werden meistens am Ende der Präsentation gemacht; hier lädt der Sprecher einige Leute dazu ein, über ihre Erfahrungen mit dem Produkt/Geschäft zu berichten. In der Regel kommen diese Leute aus dem Publikum.

Die kraftvollsten Aussagen sind die, die vom Publikum stammen und bereits vorher ausgewählt wurden. Ein Gast im Publikum weiß nicht, ob es sich bei der Person um einen Berater oder einen anderen Gast handelt. Von daher bleibt die Person ein Teil des Publikums, ganz gleich ob sie ihre Aussage von ihrem Stuhl aus machen oder von der Bühne. Es ist wichtig, daß sie diese Haltung einhält. Lassen Sie mich erklären. Dem Sprecher wird man am ehesten nicht glauben wollen, denn er versucht, einem das Unternehmen schmackhaft zu machen. Diejenigen, die nach vorne gehen um eine Aussage zu machen, bleiben Teil des Publikums. Sie sind noch glaubwürdig. Es ist wichtig, daß sie diese Haltung bewahren. Sobald sie anfangen, das Unternehmen zu verkaufen, werden sie wie der Sprecher – unglaubwürdig. Wie hält man eine Aussage glaubwürdig? Man hält sie so einfach wie möglich. Halten Sie die Person davon ab, das Unternehmen zu verkaufen. Hier ist das Beispiel einer in vier Schritte unterteilten Aussage. Zeigen Sie es Ihren Beratern, bevor sie die erste Aussage machen:

- ✔ Man nennt sein Namen
- ✔ man nennt seine frühere oder jetzige Tätigkeit
- ✔ Man sagt, was einen zum Unternehmen hinzog
- ✔ Man erzählt, was passiert ist, oder was man hofft, das passieren wird

So könnte er zum Beispiel sagen: »Ich heiße Johann Schmidt. Ich bin Buchhalter. Ich begann dieses Geschäft, damit meine Frau ihren Job aufgeben konnte. Sie wollte zu Hause bleiben und unsere Kinder erziehen. Bis jetzt haben wir den Weg dorthin zur Hälfte geschafft haben«. Ein weiteres Beispiel: »Mein Name ist Susanne Meier. Von Beruf bin ich Anwältin. Mein Ziel ist es, meine Praxis aufzugeben und total frei zu sein, damit ich reisen und Fotografin in der Wildnis werden kann. Was bislang passiert ist, ist, daß ich soeben gekündigt habe und ab dem nächsten Monat Vollzeit dabei sein werde.«

Was Sie bei den Aussagen vermeiden sollten

Was der Sprecher keinesfalls sagen sollte, wäre zum Beispiel: »Dieses Unternehmen ist das beste Ding seit der Erfindung des Rades. Sie können es sich nicht leisten, nicht einzusteigen. Kommen Sie zu uns. Wir haben viel Spaß zusammen.« Das nennt man ›das Geschäft verkaufen‹. Der Sprecher ist plötzlich vom Publikumsmitglied zum Anwerber mutiert. Jetzt verliert er seine Glaubwürdigkeit. Eine Aussage sollte nie länger als dreißig Sekunden dauern. Sie sollte nicht erschlagen; sie sollte eine Feststellung sein. Eine Aussage sollte vor Spannung knistern!

Handelt es sich um eine Aussage über das Produkt, ist die Reihenfolge: Mein Name, mein früherer oder jetziger Beruf, was ich an diesem Geschäft anziehend fand und was bisher passiert ist. Vielleicht können Sie auf die Ergebnisse, die Sie mit dem Produkt erlebt haben, etwas näher eingehen. Ein paar Eigenschaftswörter dazu, und Sie haben eine erstklassige Aussage.

Bitte bedenken Sie, daß sogar die Aussagen duplizierbar sein müssen. Das kann ich nicht genug hervorheben. Je weiter Sie in Ihrer Aussage ausholen, umso weiter wird die nächste Person glauben, ausholen zu müssen. Plötzlich dauern Ihre Aussagen fünf bis zehn Minuten. Es ist wie eine Gewichtszunahme. Die Schritte, die eine Aussage definieren, müssen duplizierbar sein. Jeder kann über diese vier Dinge reden. Wenn Sie weitere Schritte hinzunehmen, müssen Sie sicher sein, daß die Antworten, die Sie bekommen, auch die Antworten sind, die Sie das Publikum hören lassen wollen. Wenn Sie die Aussagenden zum Beispiel bitten, über ihre Anfänge im Geschäft zu erzählen, müssen Sie davon ausgehen, daß nicht jeder den gleichen Anfang erlebte. Nehmen wir an, Sie wollen einen guten Anfang für Ihren Interessenten, und Sie haben eine Aussagende, die einen guten Anfang erlebte, dann ist das in Ordnung. Doch wenn der nächste Sprecher einen schlechten Anfang erlebte, ist das weniger in Ordnung. Es ist nur dann eine duplizierbare Erweiterung der Aussagen, wenn Sie es kontrollieren und duplizierbar halten können.

Die richtige Einstellung für ein Treffen

Seien Sie ein Teil des Publikums. Es ist wichtig, daß Sie lächeln und Energie und Begeisterung zeigen. Verhalten Sie sich so, als würde jedes Wort Sie begeistern. Diese »Einstellung für Treffen« wird sich auf andere im Publikum übertragen. Man sagt, ein Sprecher ist nur so gut wie sein Publikum, und ich kenne die Wahrheit hinter diesem Spruch aus eigener Erfahrung. Wenn ich vorne stehe, weiß ich, daß die meisten Berater mit Gästen im Publikum wollen, daß ich meine Sache gut mache. Und damit ich meine Sache gut mache, müssen sie ihre Sache gut machen. Das heißt, ich muß sie lächeln sehen, muß sie über meine Witze lachen hören (egal, wie oft sie sie schon gehört haben), und ich muß wache, interessierte Augen sehen (keine schläfrigen, halb geschlossenen Lider). Seien Sie beim fünfzigsten Besuch des Treffens so begeistert wie beim ersten Mal, und Ihre Gäste werden Ihre Begeisterung wahrnehmen und sich Ihnen anpassen.

Die Präsentation nach der Präsentation

Ich bin ein großer Verfechter der »Präsentation nach der Präsentation«: nach einem Treffen nehme ich mir fünfzehn Minuten Zeit und gebe meinen Gästen einen Schnellstart. Ich mache es deswegen gerne nach kleinen und großen Treffen, weil ich einige der benutzten Begriffe kontrollieren kann. Ich kann dafür sorgen, daß das Gespräch allgemein bleibt und das Wort »wie« nicht zu oft fällt. Außerdem kann ich einige Ängste eliminieren. Wir haben schon über die Ängste gesprochen, die eine Person haben könnte, wenn sie das Geschäft zum ersten Mal sieht. Deswegen entwickelte ich ein Schnellstart-Programm. Raten Sie mal, was Sie damit tun können, wenn ich Ihnen davon erzählt habe? Sie ahnen es schon – DUPLIZIEREN SIE ES! Geben Sie es an Ihre Downline weiter. Ein Schnellstart kann auf die Fragen und Ängste antworten, die ein Gast vielleicht in sich trägt. Falls der Gastgeber ebenfalls ein Neuling ist, hält der Schnellstart die Antworten bereit, die er noch gar nicht wissen kann.

Schnellstart-Programm mit fünf Schritten

Dieses Programm nimmt einige Ängste und beantwortet die einfacheren Fragen, mit denen ein neuer Berater vielleicht Schwierigkeiten hat. Der Schnellstart ist in fünf Bestandteile unterteilt:

- ✔ Bestimmen Sie, was Sie wollen
- ✔ Informieren Sie sich
- ✔ Beginnen Sie richtig
- ✔ Der Geschäftsaufbau
- ✔ Informieren Sie andere

Bevor wir mit einem Schnellstart beginnen, machen wir nach der Präsentation eine kurze Pause von fünfzehn Minuten, in der man sich strecken, die Toilette aufsuchen, sich Erfrischungen holen und mit anderen reden kann. Wenn ich sage, daß sie in fünfzehn Minuten sehen werden, wie sie das Geschäft aufbauen können, werden sie wahrscheinlich bleiben. Sage ich zwischen zwanzig und dreißig Minuten, werden sie vielleicht nicht bleiben wollen. Denken Sie daran, sich an einen einmal genannten Zeitraum zu halten! Und denken Sie bitte auch daran, daß der Schnellstart nicht von einem neuen Berater durchgeführt werden sollte. Dies ist etwas, daß Sie Ihrer Präsentation hinzufügen sollten.

1. Schritt – Bestimmen Sie, was Sie wollen: In diesem Schritt sollen meine Gäste für sich bestimmen, was Sie von diesem Geschäft haben wollen. Sie müssen ihnen mitteilen, daß all ihre Träume wahr werden können, wenn sie hart genug arbeiten. Ich will vermitteln, daß sie dieses Geschäft ernsthaft behandeln sollen, aber ihre Jobs nicht aufgeben müssen, um es aufzubauen. Sie sollen wissen, daß sie ihre Jobs dann aufgeben und das Geschäft Vollzeit betreiben können, wenn sie jede freie Minute in das Geschäft stecken, bis das Einkommen daraus dem ihrer jetzigen Tätigkeit gleicht. In diesem Moment stelle ich klar, daß es Leute gibt, die $500 nebenher verdienen, aber auch andere, die monatlich fünf- oder sechsstellige Einkommen erzielen. Die Gäste müssen bestimmen, was sie wollen, und einen darauf aufbauenden Plan entwickeln, mit dem sie genau das erreichen können.

2. Schritt – Informieren Sie sich: Hier gilt ›Hilfe zur Selbsthilfe‹. Machen Sie sie auf das Starterset aufmerksam, und wie es den Großteil der Fragen beantworten kann. Dann reden Sie darüber, wie sich jeder am besten über das Unternehmen und die Produkte informieren kann. Besprechen Sie das Starterset, die Literatur, die Broschüren und die Tonband- und Videokassetten, die zur Verfügung stehen. Erzählen Sie, falls zutreffend, vom Satellitenprogramm, Trainings und anderen Veranstaltungen, die das Unternehmen anbietet. Erklären Sie, daß die Upline auch dann für jeden da ist, wenn er von seinem Sponsor Schritt für Schritt begleitet wird. Durch diese Erklärungen vermitteln Sie das Gefühl, nicht allein gelassen zu werden. Sagen Sie , daß die Spitzenberater Ihres Unternehmens den selben Prozeß durchgemacht haben. Jene Berater haben dem Prozeß, dem Unternehmen und dem Unterstützungssystem vertraut.

3. Schritt – der richtige Anfang: Meinen Leuten erkläre ich dann, wie wichtig der richtige Anfang ist. Hierzu verwende ich Gleichnisse, um Network Merketing mit Dingen zu vergleichen, die sie aus der traditionellen Geschäftswelt kennen. Ich sage vielleicht: »Denken Sie auch, daß Sie sich mit den Produkten eines Unternehmens, mit dem Sie zusammenarbeiten wollen, vertraut machen sollten? Der beste Weg, sich mit den Produkten vertraut zu machen, ist, sie zu benutzen, nicht wahr? Wie wollen Sie mit anderen über die Vorteile der Produkte reden, wenn Sie sie nicht selbst erlebt haben?« Dann rede ich über den Produktbestand. »Meinen Sie, daß Sie in einem anderen Geschäft mindestens eines von jedem Produkt haben würden?« Sie nicken zustimmend. An diesem Punkt benutze ich das Gleichnis mit McDonald's. »Was würde Ihrer Meinung nach passieren, wenn Sie das Geld für ein Franchise mit McDonald's bezahlten, nur um der Firma mitzuteilen, sie könne den Fisch-Mäc behalten, weil Sie keinen Fisch mögen? McDonald's würde Sie sofort hinauswerfen! Warum? Weil die Firma das Geschäft kennt und wüßte, daß Sie keinen Erfolg damit haben würden«.

Ich versuche ihnen klarzumachen, daß es sich hier um ein Geschäft handelt und nicht um ein Menü, aus dem sie sich das eine oder andere herauspicken können. Sie müssen sich mit allem, was das Unternehmen anbietet, so vertraut wie möglich machen. Das heißt nicht, daß sie Experten werden müssen. Es heißt nur, daß Produkte zu einem guten Anfang dazu gehören. Natürlich weise ich sie darauf hin, daß das Unternehmen es nicht verlangt. Ich versuche jedoch, ihren gesunden Menschenverstand und ihr logisches Denken anzusprechen.

Gleichzeitig erwähne ich, daß es sich nicht um ein Haustürgeschäft handelt. Unsere Produkte werden durch interaktives Marketing vertrieben, nicht durch Verkaufsveranstaltungen. Bei letzteren vereinbaren Sie einen Termin. Sie besuchen dann den potentiellen Kunden in seinem Büro oder Haus, um ihm etwas zu zeigen. Sie breiten Ihre Materialien oder das Präsentationsbuch aus, und versuchen, ihm etwas zu verkaufen. So läuft Network Marketing nicht. Wir machen keine Verkaufsveranstaltungen. Diese Auskunft entspannt das Publikum, den solche Haustürgeschäfte gehören zu den größten Ängsten. Ich rede von interaktivem Verkauf. Unsere Produkte, unsere Geschäftsgelegenheit werden durch Interaktion vermarktet. Mit anderen Worten: wir benutzen es; wir mögen es; Leute fragen uns, was es ist oder worum es sich handelt – wir erzählen unsere Geschichte und laden sie ein, es selber zu probieren. Interaktives Verkaufen ist etwas, daß jeder von uns jeden Tag macht. Haben Sie jemals einem anderen von einem tollen Film oder Restaurant erzählt? Dann sind Sie bereits Networker!

4. Schritt – der Geschäftsaufbau: Dieses Thema behandle ich während des Schnellstarts, nach der Präsentation, relativ kurz. Ich benutze das Gleichnis mit Coca-Cola, daß Sie aus Kapitel 9 kennen.

Durch das Gleichnis mit Coca-Cola entwickle ich ein Verständnis für Gelegenheit und Timing, und ich bitte meine Zuhörer, sich vorzustellen, wie einfach es ist, etwas in diesem Augenblick zu übersehen, daß später Millionen wert sein könnte. Betrachten Sie es als eine Ehre, in dieses Geschäft eingeführt zu werden und andere einzuführen. Erkennen Sie, wie dringend es ist, diese Gelegenheit auszunutzen. Wir suchen Partner und Verbündete. Wir suchen Läufer – Leute, die mit uns laufen wollen, Seite an Seite.

5. Schritt – Unterrichten Sie andere: Hier erklären Sie nur, daß wir das lehren, was wir gelernt haben. Wir helfen ihnen, das zu tun, was wir tun. Wenn andere sich ihnen wiederum anschließen, lehren wir sie ebenfalls. Es ist ein Kreislauf. Ich habe sogar eine

Zeichnung, auf der man sieht, wie sich der Kreislauf schließt. Man entscheidet, was man haben will; man informiert sich; man fängt richtig an; man lernt die richtigen Methoden des Geschäftsaufbaus, und dann lehrt man andere eben diese vier Schritte. Das aus fünf Schritten bestehende Schnellstartprogramm kann Sie zu finanzieller Unabhängigkeit führen, wenn Sie es beherrschen lernen. Es ist weder kompliziert noch schwierig. Man muß nur fünf Dinge sehr gut beherrschen lernen und seine ausgewählten Geschäftspartner lehren, wie sie diese fünf Dinge ebenfalls beherrschen können.

Helfen Sie, die Entscheidung zu treffen

Wie helfen Sie dem neuen Gast, eine Entscheidung zu treffen, und wie fassen Sie nach? Wissen Sie, es ist doch erstaunlich, daß wir eine sofortige positive Entscheidung von unseren Gästen erwarten, obwohl die meisten von uns dies auch nicht taten, als wir das Geschäft zum ersten Mal sahen. Die meisten von uns trafen die Entscheidung erst, nachdem wir Literatur erhalten, sie sorgfältig studiert haben und uns unsere Fragen zum Geschäft beantworten ließen.

Erwarten Sie nichts Unrealistisches von Ihren Gästen. Natürlich gibt es Leute, die sich gleich beim ersten Anblick des Geschäfts dafür entscheiden. Napoleon Hill sagte sogar, daß erfolgreiche Leute schnelle Entscheidungen treffen, um ihre Meinung langsam zu ändern, während erfolglose Personen sich langsam entscheiden und ihre Meinung schnell ändern. Es ist nicht ungewöhnlich, daß eine zielstrebige Person sich sofort entscheidet, doch hier geht es auch um einen wichtigen Prozeß. Anderen das Geschäft zu zeigen, ist ein Prozeß. Sie dazu zu bringen, endlich eine Entscheidung zu treffen, ist ein Prozeß. Und solange wir Leute in diesen Prozeß eingebunden haben, werden tagtäglich Entscheidungen getroffen, denn sie bewegen sich auf diese Entscheidung zu.

HABEN SIE KEINE ANGST, am Ende der Präsentation nachzufragen. Einer der größten Fehler, der von vielen begangen wird, ist, nicht zu fragen. Einige Leute können sich einfach nicht dazu durchringen, die Frage zu stellen: »Wollen Sie oder wollen Sie nicht?«

Statt die Frage zu stellen, sagen sie etwas wie: »Möchten Sie etwas Literatur mit nach Hause nehmen?«. Falls der Gast in das Geschäft einsteigen will, sagt er »Ja, natürlich!«. Wenn Sie dann nach ein paar Tagen anrufen und ihn fragen, ob er sich ein Video ansehen möchte, antwortet er »Ja, natürlich!«. Nach ein paar weiteren Tagen rufen Sie ihn an und fragen ihn, ob er eine Satellitenübertragung über Ihr Geschäft miterleben möchte, sagt er »Aber sicher!«

Endlich laden Sie ihn zu einem Training ein, und während des Trainings sagt einer, daß man als Erstes ein Starterset braucht. Er dreht sich zu Ihnen um und fragt:

»Wo ist mein Starterset?«. Gratulieren Sie sich aber nicht vorschnell! Sie haben ihn soeben zwei Wochen des aktiven Geschäftes gekostet, nur weil Sie ihn nicht gleich gefragt haben. Zwei Wochen seiner Zeit zu verschwenden ist nicht unbedingt etwas, wofür er Ihnen danken wird.

Übrigens, ich halte nichts davon, Personen, die noch keine Berater sind, an Trainings teilnehmen zu lassen. Das Training ist kein Ort für einen Gast. Das Training nährt nur seinen skeptischen Gedankengang, weshalb er das Geschäft nicht beginnen sollte. Im Training geht es meistens um das »wie«.

Ein wichtiger Teil dieses Geschäfts besteht darin, zu lernen, wie man eine Frage richtig stellt. Sie müssen lernen, wann, wo, wie und weshalb Sie bestimmte Fragen stellen sollen. Das lernen Sie im nächsten Kapitel. Erwarten Sie keine perfekten kleinen Einheitsfragen in Verbindung mit einer perfekten kleinen Einheitspräsentation. Ich hoffe, Sie wissen inzwischen, daß Network Marketing nicht so ist. Statt exakte Fragen stellen zu lernen, geht es uns um verschiedene Typen und Arten von Fragen. Sie lernen, wann und wie Sie diese stellen sollen. Wenn Sie das gelernt haben, können Sie es verinnerlichen, und anderen wird Ihre natürliche, einfache Art, das Geschäft zu präsentieren, gefallen. Noch wichtiger ist, daß andere diese Eigenschaften von Ihnen lernen werden, wenn Sie sich damit wohl fühlen. Ihre Art des Präsentierens wird von anderen dupliziert, und Sie werden bald eine Organisation mit den besten Sprechern haben.

Eine Zeit des Fragens – Eine Zeit des Handelns

Zu wissen, wann und wie Sie eine Frage stellen sollen, ist genauso wichtig wie die Frage an sich. Bestimmte Fragen stellt man vor und während einer Einladung, andere hingegen erst nach einer Präsentation. Einige Methoden des Fragens haben wir besprochen, als wir über die Textvorlagen für die Einladung sprechen, und jetzt kommen wir zu den Fragen, die nach der Präsentation gestellt werden. Es gibt drei Fragen, die ich am Ende einer Präsentation mit Erfolg stelle. Diese sind:

- ✔ Was gefiel Ihnen am besten? (Erstaunlich, wie oft das Geld genannt wird)
- ✔ Wo sehen Sie sich (die meisten sagen: »An der Spitze«)
- ✔ Wann wollen Sie den ersten Scheck bekommen (häufige Antwort: »Schon gestern!«)

Sie sehen, daß es sich um Fragen mit offenem Ende handelt, wie wir sie von Kapitel neun her kennen. Mit dieser Art von Frage führen Sie Ihre Kontakte dazu, mit mehr als nur einem Wort zu reagieren. Sie lenken das Gespräch. Es bewegt sich in die von Ihnen bestimmte Richtung. Sie haben die Kontrolle darüber, setzen aber niemanden mit Ihren Fragen unter Druck.

Nehmen wir an, Sie haben einen neuen Berater, der bereit ist, das Geschäft mit Ihnen zu beginnen. Was tun Sie, um ihm zu helfen? Mein Rat ist, das zu tun, was mit Ihnen getan wurde. Hoffentlich wurden Sie von Ihrem Sponsor durch die Anfangsphasen geführt. Wenn Sie schlau gewesen sind, haben Sie alles aufgezeichnet, damit Sie diese Informationen zu Papier bringen und auswendig lernen konnten. Das Gleiche machen Sie jetzt mit der neuen Person in Ihrem Geschäft.

Lehren durch Beispiel

Alles, was Sie tun, sollte jedesmal in der gleichen Art und Weise ablaufen, damit Ihre Berater es schneller erlernen und an deren Berater weitergeben können. Warum sollten Sie von dem Plan, der Ihren Sponsor und Ihre Upline erfolgreich machte, abweichen wollen? Ihre Leute sollten die von Ihnen durchgeführten Planungstermine mit einem Kassettenrecorder aufnehmen. Sie wiederum tun genau das, was mit Ihnen getan wurde. Das Thema des Duplizierens haben wir jetzt oft genug besprochen, oder nicht? Ob Sie es glauben oder nicht, es wird immer wieder Leute geben, die alles anders machen wollen, die während ihrer Lernkurve sich selbst und ihre Upline bis an die Grenze der Frustration bringen. Das sollten sie weder sich noch anderen in der Organisation antun.

Wenn Sie neu dabei sind, sollte sich Ihre Upline mit Ihnen und Ihrem neuen Berater hinsetzen und Ihnen bei der Geschäftsplanung helfen. So haben Sie Gelegenheit, die Durchführung einer Geschäftsplanung nochmals zu erleben und aufzuzeichnen. Ihre Upline hilft Ihnen bei zwei oder drei Terminen, und nachdem Sie die gleiche Strategie mehrmals gesehen haben, sollten Sie es alleine machen können. Deswegen ist es so wichtig, Ihre Upline bei einer Präsentation vorzustellen. Es hat nämlich zwei Vorteile. Zum einen sieht der neue Gast oder Berater, daß er nicht nur von Ihnen Hilfe und Unterstützung erhalten wird. Zum anderen gibt es dem neuen Berater ein Gefühl der Sicherheit, außerdem hat der Sponsor den Vorteil, daß seine Aussagen von einer dritten Person bestätigt werden. Manchmal müssen viele Dinge immer wieder gesagt werden, bis sie endlich verstanden werden.

Für eine neue Person ist es manchmal hilfreich, eine andere Stimme als die Ihre zu hören, vor allem dann, wenn Sie schon viel und häufig mit ihr über das Geschäft gesprochen haben. Es ist erstaunlich, wie oft sie bereits gehörte Dinge erst dann richtig wahrnehmen und verstehen, wenn diese von einer dritten Person gesagt werden. Wenn Ihre Upline das gleiche sagt wie Sie, wird der Groschen irgendwann fallen, und Sie werden gefragt, wieso Sie das nicht schon vorher gesagt haben – versuchen Sie daraus schlau zu werden! Bedenken Sie auch, daß das Vorstellen Ihrer Upline die Glaubwürdigkeit untermauert und Ihr neuer Kontakt wird mehr darauf achten, was gesagt wird. Ihre Upline sollte auch Gutes über Sie erzählen, damit Ihre neue Person sich glücklich schätzt, Sie als Sponsor zu haben. Diesen gegenseitigen Respekt nennt man auch Erbauung.

Erbauen Sie Ihre Upline

Ich erbaue meine Upline, indem ich sie meinen Gästen vorstelle und empfehle; dadurch gewinnt meine Upline Glaubwürdigkeit bei meinen Gästen und kann helfend eingreifen, wenn ich sie brauche. Ich finde dies sehr wichtig, denn es prägt meinen Gästen die Namen meiner Upline ein. Falls ein Gast mit mir keinen Rapport aufbauen kann, wird er vielleicht mit einer Person meiner Upline besser zurechtkommen und trotzdem dabeibleiben. Es funktioniert für beide Seiten. Wenn meine Upline meinen neuen Gast kennenlernt, sagt sie: »Sie könnten sich keine bessere Person als Sponsor wünschen, falls Sie sich für das Geschäft entscheiden sollten«. Es ist fast, als würde man mit dem Networker Networking machen.

Welche Einwände sollten Sie erwarten

Heutzutage hört man nicht mehr die Einwände, die vor Jahren manchmal gegen Network Marketing erhoben wurden; Der Beruf des Networkers ist inzwischen weit verbreitet, und unzählige Erfolgsgeschichten sprechen für sich. Wenn unser System duplizierbar sein soll, muß es so einfach sein, das jeder jeden Aspekt davon beherrschen kann – inklusive des Beantwortens von Einwänden. Das Konzept EMPFINDEN, EMPFUNDEN, ENTDECKT lernte ich ganz am Anfang meiner Karriere.

Fast jeden Einwand konnte ich mit EMPFINDEN, EMPFUNDEN, ENTDECKT entkräften.

Für jeden Einwand könnten Sie eine passende, maßgeschneiderte Antwort haben, um detailliert darauf zu antworten. Doch eines vergessen Sie dabei – wird sie duplizierbar sein? Wahrscheinlich nicht. Ich halte mich lieber daran, alles einfach zu machen und das simple ›Empfinden, Empfunden, Entdeckt‹ für den Umgang mit Einwänden zu nutzen. Es funktioniert so:

Nehmen wir an, jemand hat einen Einwand, wie zum Beispiel diesen: »Ich wette, man muß Verkäufer sein, um das hier machen zu können«, oder: »Ich wette, man muß eine gewisse Erfahrung mitbringen«. Vielleicht denkt diese Person, man muß einer bestimmten Altersgruppe oder einem bestimmten Geschlecht angehören. Statt die Frage zu verneinen – nur um zu erleben, daß die Person »Oh, ich glaube aber schon« sagt – verwenden Sie lieber die Methode ›Empfinden, Empfunden, Entdeckt‹. Sagen Sie: »Ich weiß, wie Sie empfinden. Ich habe es genauso empfunden wie Sie. Doch dann entdeckte ich, daß es gar nicht nötig war. Lassen Sie mich Soundso vorstellen, er ist Mechaniker. Oder Soundso, sie ist Lehrerin«. Es ist toll, wenn Sie Beispiele oder Aussagen benutzen können. Falls jemand sagen sollte: »Nun, ich glaube, ich bin zu alt (oder zu jung) dafür«, dann sagen Sie folgendes: »Ich weiß, wie Sie empfinden. Ich habe es auch so empfunden, doch dann entdeckte ich, daß man sich wegen des Alters überhaupt keine Sorgen machen muß. Ich möchte Ihnen Soundso vorstellen, Sie ist seit zwanzig Jahren Rentnerin und baut das Geschäft gerade erst auf«. Sehen Sie, wie Sie solche Leute beruhigen können? Und die Methode ›Empfinden, Empfunden, Entdeckt‹ kann bei fast jedem Einwand eingesetzt werden.

Versuchen Sie es doch, es wird Ihnen gefallen. Es ist sehr entwaffnend! Es ist eine der natürlichsten Methoden, um mit Einwänden umzugehen, und es ist duplizierbar. Nehmen wir zum Beispiel den alten Einwand: »Aber ich habe doch gar keine Zeit!«. Sie entgegen mit: »Ja, ich weiß genau, wie Sie empfinden. Ich habe auch so empfunden, bis ich entdeckte, daß ich dieses Geschäft meinem Job anpassen konnte. Und mit etwas Mühe konnte ich bald das gleiche Einkommen erzielen wie in meinem Job. Falls der Einwand lautet: »Man muß bestimmt viel Geld haben, um anfangen zu können«, entgegnen Sie: »Ich weiß genau, wie Sie empfinden. Ich habe auch so empfunden, bis ich entdeckte, daß man dieses Geschäft mit sehr wenig Geld beginnen kann«. Üben Sie! Ich habe noch keinen Einwand entdeckt, der mit ›Empfinden, Empfunden, Entdeckt‹ nicht entkräftet werden konnte.

Nehmen Sie Einwände und Ablehnungen nicht persönlich

Ich sagte es schon und ich sage es wieder: Sie können es sich nicht leisten, die »Neins« in diesem Geschäft persönlich zu nehmen. Ich habe zusehen müssen, wie Leute den Schwung für einen ganzen Monat wegen ein paar kleiner »Neins« verloren haben. Sie wissen ja, es ist ein Spiel mit Zahlen. Wenn Sie zahlenmäßig ausreichend arbeiten, regeln sich die Quoten von allein. Schauen wir uns die Zahlen noch einmal an. Von drei bis fünf Personen wird sich eine für das Geschäft entscheiden. Das heißt, daß eine aus drei bis fünf, die sich für das Geschäft entscheiden, auch wirklich etwas tun wird! Machen Sie sich nichts vor! Es wird Leute geben, die in das Geschäft einsteigen und nichts tun. Mit zunehmender Erfahrung sollte sich die Quote auf eins bis drei einstellen. Das heißt, daß eine von drei Personen, die einsteigen, tatsächlich auch etwas tun wird.

So fallen die Zahlen gewöhnlich aus. Eine Person wird es wirklich schaffen. Eine Person wird ein kleines Geschäft daraus machen. Eine Person wird absolut nichts damit tun. Der Hauptgrund für das Versagen in dieser Industrie ist, daß Leute Ihre Zeit mit Personen verbringen, die Ihnen keinen Pfennig einbringen. Ich glaube an die Auftriebkraft des Führens. Was ich damit meine? Nun, führende Persönlichkeiten werden nach oben schwimmen. Es sind diejenigen, die anrufen und Sie um Hilfe bitten. Mit diesen Leuten sollten Sie Ihre meiste Zeit verbringen. Denken Sie stets daran: Sie sind nicht für den Erfolg eines jeden verantwortlich!

Wenn Ihre Quote eins zu fünf beträgt, heißt es, daß Sie fünf Personen das Geschäft zeigen müssen, um eine zu sponsern. Sie brauchen fünf Personen in Ihrem Geschäft, um eine zu finden, die auch etwas damit tun wird. Wenn Sie fünf solche Personen brauchen, und Ihre Quote eins zu fünf ist, müssen Sie wahrscheinlich fünfundzwanzig Leute sponsern, um fünf ernsthafte zu finden, die das Rennen mit Ihnen laufen.

Jetzt erkennen Sie weshalb ich immer wieder sage, der Schlüssel zum Erfolg liegt in der Show! Er liegt nicht in der Anzahl der Registrierungen, denn es gibt genügend Leute, die sich registrieren lassen und dann nichts unternehmen. Es wird sogar Leute geben, die sich registrieren lassen, Produkte kaufen und dann nichts damit tun. Das ist wirklich erstaunlich. Network Marketing unterscheidet sich nicht von vielen anderen Geschäften. Bestimmen Sie Ihre Quoten und fangen Sie an!

Betrachten Sie es als ein Vorstellungsgespräch

Der Erfolg liegt in der Show allein – also auch nicht im »Verkauf«. Versuchen Sie nie, jemandem das Geschäft zu verkaufen. Wurden Sie jemals zu einem Vorstellungsgespräch eingeladen? Wenn es eine Stelle war, die Sie unbedingt haben wollten, waren Sie bestimmt ziemlich aufgeregt. Sie haben sich gut angezogen und vielleicht ein paar gute Antworten auf mögliche Fragen überlegt. Sie gehen zum Vorstellungsgespräch, und der Personalleiter (oder wer auch immer) übernahm die Gesprächsführung. Er kam nicht ins Schwitzen – immerhin hatte er schon einen Job bei dieser Traumfirma!

Derweil versuchen Sie einen guten Eindruck zu machen und die richtigen Antworten zu geben. Nun stellen Sie sich folgendes vor: Mitten im Vorstellungsgespräch beugt sich der Personalleiter über den Tisch, packt Sie an der Jacke und sagt: »Bitte, bitte, bitte nehmen Sie den Job an!«. Was würden Sie darüber denken? Die Tatsache, daß er Sie anfleht, läßt nicht unbedingt Gutes erahnen! Sie würden denken, daß alles, was Sie über die Firma gehört haben, nicht zutreffend sein kann. Sie dachten, die Firma sei erfolgreich, doch jetzt scheint sie in Schwierigkeiten zu stecken, weswegen man Sie anbettelt. Manchmal machen wir ähnliches im Network Marketing. Vielleicht nicht ganz so offensichtlich, aber die Körpersprache verrät es. Mit anderen Worten: Wir zeigen jemandem das Geschäft. Wir zeigen ihm Unterlagen, die den Ruf des Unternehmens belegen. Wir erzählen ihm, wie toll und erfolgreich das Unternehmen ist. Dann beugen wir uns ihm zu und versuchen, ihm das Geschäft zu verkaufen, ihn zum Einsteigen zu überreden. Je weiter er sich zurücklehnt, umso weiter beugen wir uns vor. Bald ähneln wir einem Zahnarzt, der den Zahnbelag entfernen will. Wenn Sie so etwas tun, übermitteln Sie die Botschaft: »Bitte, bitte, bitte treten Sie meiner Organisation bei. Ich verzweifle sonst!«. Sie haben soeben die ganze Glaubwürdigkeit des Unternehmens verspielt.

Ihre Gruppe sollte Sie motivieren

Erinnern Sie sich an meine Geschichte über meine ersten fünfzehn Monate in diesem Geschäft, als ich erkannte, daß mich meine Gruppe einfach nicht motivierte? Ich hoffe, Sie haben etwas daraus lernen können. Sie sollten Ihre Gruppe aufregend finden. Ihre Gruppe sollte Sie durch ihre Taten und Begeisterung motivieren. Falls nicht, haben Sie die falsche Gruppe.

Manchmal muß man neu beginnen. Wußten Sie, daß die meisten, die es bis an die Spitze schafften, ein oder mehrmals neu angefangen haben. Sie hatten einige Leute mit an Bord, aber es waren nicht die richtigen, und sie haben nochmals beginnen müssen, um die zu finden, die sie motivierten. Wenn Sie vom Anfang an die Zahlen verstehen und entsprechend arbeiten, können Sie in diesem Geschäft eigentlich nicht versagen.

Wenn Sie neu beginnen und andere Leute finden müssen, wird es Ihrer Organisation zugute kommen. Es wird auch Ihnen zugute kommen, denn Sie werden etwas daraus gelernt haben. Sie werden eine andere Einstellung gewinnen. Sie werden gelernt haben, eine Position der Stärke zu halten. Sie verschwenden keine Zeit mehr an Leuten, die so tun, als wollten sie erfolgreich werden, aber es eigentlich doch nicht wollen.

Wie komme ich zum großen Geld?

In diesem Kapitel habe ich das Beste bis zum Schluß aufbewahrt – das Geld! Was sind also die Aktivitäten, die Geld bringen? Wenn ich das Geschäft vereinfachen und auf Schlüsselaktivitäten beschränken müßte, die Geld einbringen, wären es zwei Dinge: Die Produkte zeigen und das Geschäft zeigen. Nur diese beiden Dinge bringen Ihnen Geld in diesem Geschäft. Ein wenig ähnelt es einem Einzelhandelsgeschäft. Am Ende eines Tages müssen Sie einen Kassensturz machen. Fragen Sie sich, wie oft Sie im Laufe des Tages das Geschäft gezeigt haben. Wie oft zeigten Sie die Produkte? Wenn Sie weder das eine noch das andere gemacht haben, verdienten Sie kein Geld. Daran müssen Sie sich ständig erinnern, besonders am Anfang. Alle Ihrer Aktivitäten sollten irgendwie mit dem Zeigen der Produkte und des Geschäfts in Zusammenhang stehen. Wenn Sie den Erfolgsprozess beschleunigen wollen, müssen

Sie Experte darin werden, für Veranstaltungen zu werben, damit Leute schneller das große Bild sehen; sonst driften sie vielleicht ab.

Wenn Leute Ihrer Organisation beitreten, beanspruchen sie auch einen Teil Ihres Tages. Sie rufen Sie an und sagen: »Kannst du mir mit ein paar Konferenzschaltungen helfen? Rate mal, was ich heute getan habe! Rate mal, wem ich das Geschäft zeigte! Kannst du mir bei diesem oder jenem Termin helfen?«. Und bevor Sie es wissen, ist der Tag vorbei, und Sie haben keinem das Geschäft oder die Produkte gezeigt. Setzen Sie Beispiele! Ihre Leute tun, was Sie tun. Der Anführer bestimmt die Geschwindigkeit der Gruppe.

Auch, wenn Sie Ihren Leuten helfen, Sie müssen sich weiterhin selbst helfen. Nehmen Sie sich jeden Tag Sie eine oder zwei Stunden Zeit, um Ihr Geschäft aufzubauen. Widmen Sie den Rest des Tages Ihren Leuten, sofern Sie das Geschäft hauptberuflich betreiben. Wenn Sie es nebenberuflich betreiben, müssen Sie einen Teil der Zeit für Ihre eigenen Aktivitäten verwenden. Zeigen Sie das Geschäft – zeigen Sie die Produkte. Die restliche Zeit widmen Sie Ihren Leuten und helfen ihnen, das Geschäft und die Produkte zu zeigen. Denken Sie an das Duplizieren. Wenn Sie wollen, daß Ihre Leute anderen das Geschäft und die Produkte zeigen, müssen Sie es auch tun! Wenn Sie jemals aufhören, anderen das Geschäft und die Produkte zu zeigen – oder Ihren Leuten bei diesen Aktivitäten zu helfen – haben Sie in den Managermodus gewechselt. In diesem Modus ist es sehr einfach, den Tag mit dem Verwalten Ihres Geschäftes zu verbringen, anstatt es aufzubauen. Wenn Sie zum Manager werden, werden auch Ihre Leute Manager. Dann hätten Sie eine Organisation voller Manager. Sie müssen Ihre Organisation auf den Weg zum Erfolg führen. Und genau darüber reden wir im nächsten Kapitel – das Führen. Glauben Sie mir, wenn ich sage, Führer werden nicht geboren – sie werden ausgebildet! Wenn Sie überhaupt etwas bis jetzt gelernt haben, dann hoffentlich dies: Befolgen Sie das, was Ihre Upline sie lehrt. Wenn Sie es getan haben, sind Sie jetzt bereit, eine Führungspersönlichkeit zu werden. Wenn Ihre Upline Meister in der Ausbildung von Führungspersönlichkeiten ist, werden Sie bereits einige Testsituationen hinter sich haben. Mit ihrer Hilfe und Führung werden Sie ein kompetenter Anführer für Ihre Leute.

Kann nicht ein anderer führen?

Es liegt an Ihnen, die Gruppe auf dem Weg zu führen. Es ist Teil des Duplizierens. Mit anderen Worten, Sie gehen als Anführer mit gutem Beispiel voran und indem Sie das tun, zeigen Sie Ihren Leuten den ersten Schritt auf dem Weg zur Führungspersönlichkeit. Sie lehren sie, gute »Gefolgsmänner« zu werden. Ein guter Gefolgsmann zu sein ist der erste Schritt auf dem Weg zum guten Anführer.

Lassen Sie sich von der Verantwortung als Führungskraft nicht überwältigen. Sie kann sogar recht mühelos übernommen werden. Sie führen bereits, während Sie Ihr Geschäft aufbauen, das System erlernen und es andere lehren – ob Sie es nun wahrnehmen oder nicht. Vor allem führen Sie durch Ihr Beispiel.

Die Geschwindigkeit des Anführers bestimmt die Geschwindigkeit der Gruppe

Sie wollen, daß Ihre Leute bestimmte Dinge zu einer bestimmten Zeit tun – also müssen Sie dieses Verhalten durch Ihr Führungsbeispiel ermutigen und bekräftigen. Networking ist ein Geschäft, in dem alles dupliziert wird, und von daher müssen Sie Ihr Geschäft genauso betreiben, wie Ihre Leute ihre Geschäfte betreiben sollen. Tun

Sie es zuerst. Sie wollen Ihre Leute schnell vorankommen und höhere Positionen erreichen sehen, und gleichzeitig lernen Sie gemeinsam mehr über das Geschäft. Sie lernen stets gemeinsam mit Ihrer Downline, auch wenn Sie der Sponsor sind. Network Marketing ist kein traditionelles Geschäft, bei dem man erst lernt und dann das Erlernte umsetzt. Im Network Marketing lernen Sie und setzen das Erlernte gleichzeitig um.

In dieser Zeit lehren Sie Ihre Leute nicht unbedingt das System und Programm, sondern vielmehr, wie sie die Dinge, die ihnen ein unbehagliches Gefühl bereiten, ohne Befürchtung tun können. Ihre Leute sehen, daß Sie Erfolg haben und ohne Angst dastehen, und von daher werden sie Mut entwickeln und den gleichen Weg gehen.

Manche Dinge werden Sie nicht erlernen, bevor es Ihre Leute tun. Ihr Job besteht darin, andere durch Ihr Beispiel zu führen. Gemeinsam bauen Sie und Ihre Downline das jeweilige eigene Geschäft auf. Auch Ihre Downline wird begreifen, daß sie das Geschäft während der Lernphase aufbauen kann, genauso, wie Sie es tun. Die schnellstmögliche Entwicklung des Geschäfts in den ersten neunzig Tagen ist von größter Bedeutung. Wenn Sie es tun – tun andere es auch. Ihrer Downline sollten Sie nicht das Potential zum Geschäftsaufbau vorenthalten, nur weil Sie Angst davor haben, nicht jede Frage beantworten oder einen Fehler begehen zu können. Glauben Sie mir, Ihre Upline wird Ihnen bei Schwierigkeiten gern helfen, wenn sie weiß, daß Sie dabei sind, alle Rekorde zu brechen.

Haben Sie den Mut, ein Anführer zu sein!

Machen Sie sich keine Sorgen über die erste Einladung – tun Sie es! Machen Sie sich keine Sorgen über die perfekte Atmosphäre Ihrer ersten Präsentation – tun Sie es! Machen Sie sich keine Sorgen über perfekte Overheadfolien für Ihre erste Präsentation in einem Hotel – tun Sie es! Springen Sie einfach hinein und seien Sie die erste Person, die es einfach macht! Seien Sie die erste Person aus Ihrer Upline und Downline, die ein großes Gruppentreffen veranstaltet. Seien Sie die Erste, die das Geschäft auf das Ausland erweitert. Seien Sie die erste, die zwanzig Spitzenberater hervorbringt. Tun Sie es! Setzen Sie ein Beispiel und die Gruppe wird Ihrem Beispiel folgen.

Verpflichten Sie sich – dann verpflichtet sich Ihre Organisation

Alle Veranstaltungen zu besuchen ist eine der größten Verpflichtungen, die Sie überhaupt eingehen können. Regen Sie Ihre Gruppe an, sie gemeinsam mit Ihnen zu besuchen. Reden Sie mit Ihren Leuten über das Investieren von Zeit, damit sie das Beste aus sich herausholen können. Wenn Ihre Leute teilnehmen, wird deren

Downline auch teilnehmen. Es ist wie eine leistungsfähige Produktionslinie. Je mehr Leute teilnehmen, umso mehr sehen das größere Bild.

Alles, was Sie tun, hat einen direkten Einfluß darauf, was Ihre Downline tun wird, um Ihrem Beispiel zu folgen – wie viele Veranstaltungen Sie besuchen, wieviel Produkte Sie sich am Anfang Ihres Geschäftes besorgen, wie viele Verkaufshilfen, Videos und Literaturerzeugnisse Sie sich zum Geschäftsaufbau bestellen. Irgendwann wird Sie ein Neuer fragen, wo und womit Sie angefangen haben. Ihre Führungsrolle beginnt tatsächlich am Tag Ihrer Registrierung. Alles, was Sie tun, werden Ihre Leute tun, und von daher ist es wichtig, das zu tun, was Sie dupliziert sehen wollen.

Es liegt an Ihnen, das Tempo zu bestimmen

Ob es sich um ein Meeting in einem Hotel oder in einer Wohnung Ihrer Downline handelt, das Beste, was Sie machen können, ist, einen Gast mitzubringen. Dadurch zeigen Sie Ihrer Downline, wie Sie durch Ihr Beispiel führen. Sie tun genau das, was Sie von Ihrer Downline erwarten. Sie bestimmen das Tempo. Einen Gast mitzubringen zeigt Ihrer Downline, daß Sie noch weitere Eisen im Feuer haben. Auf keinen Fall sollte Ihre Downline das Gefühl bekommen, daß Sie nur sie haben. Auf keinen Fall soll sie denken, wenn Sie sie nicht hätten, hätten Sie kein Geschäft. Zeigen Sie weiterhin das Produkt und das Geschäft, und Sie werden eine unglaubliche Inspiration sein.

Die Führung weitergeben

Ich gebe Ihnen ein Beispiel, wie ich die Führung während einer Präsentation weitergebe. Meistens versuche ich, die Präsentation gedanklich zu unterteilen. Ich habe einen Umriß dessen, was ich zu welchem Zeitpunkt sagen will. Meine Präsentation ist leicht zu befolgen; sie ist in sieben schnellen Schritten aufgebaut:

- ✔ Den Sprecher vorstellen
- ✔ Die Industrie und Trends vorstellen
- ✔ Das Unternehmen vorstellen
- ✔ Die Produkte zeigen
- ✔ Den Vergütungsplan beschreiben
- ✔ Die mit dem Geschäftsaufbau verbundenen Belohnungen und Auszeichnungen erklären, inklusive Urlaubsreisen und Boni
- ✔ Die Aussagen anderer.

Einer neuen Person, für die ich zum ersten Mal eine Präsentation mache, bitte ich immer, mich vorzustellen. Wenn sie irgendeinen Teil über die Trends oder die Industrie übernehmen kann, dann möchte ich, daß sie es tut. Je mehr Teile einer Präsentation sie machen kann, umso schneller wird sie lernen und dadurch gewinnt sie das Selbstvertrauen, das nächste Mal ein bißchen mehr zu übernehmen. Um sie jedoch zu beruhigen, sage ich ihr, daß sie die Präsentation an mich abgeben kann, sobald sie sich unwohl fühlt.

Gleichzeitig nimmt sie die gesamte Präsentation auf. Danach schreibt sie die Präsentation nieder und lernt sie auswendig. Bei unserer zweiten Präsentation macht sie die Trends und die Industrie, stellt mich dann vor und gibt die Präsentation an mich weiter. Ich behandle Produkte, Vergütungsplan, die Belohnungen und Auszeichnungen. Bei jeder Präsentation macht sie ein bißchen mehr. So kann sie das Gelernte in die Praxis umsetzen bis sie sich wohl dabei fühlt und beim nächsten Mal gibt sie sich ein Ruck, betritt diese unbequeme Zone ein wenig mehr und lernt noch etwas dazu.

Sehen – Tun – Lehren

Wir praktizieren ein Konzept mit dem Namen ›Sehen – Tun – Lehren‹. Die von mir gesponserte Person sah, wie ich es tat, sie tat es dann auch, und schließlich lehrt sie ihre Downline, es ebenfalls zu tun. So wird die Führung von einer Person zur anderen übertragen. Das ist Duplikation! Der selbe Prozeß funktioniert auch mit dem Training. Ein neuer Berater besucht einige Trainings, danach übernimmt er einen Teil. Wenn er zu der Stelle kommt, mit der er nicht vertraut ist, übergibt er das Training an den Sponsor.

Wenn ich einen neuen Berater unterrichte, will ich mich selbst duplizieren. Ich lehre ihn, indem ich ihn einige Teile übernehmen lasse. Machen Sie nicht alles selbst. Auch, wenn Sie der Experte oder die Hauptperson sind, machen Sie niemals alles allein. Dadurch würden Sie Ihre Person zur Hauptsache machen. Es wird zwar sicherlich Ausnahmefälle geben, wichtige Großpräsentationen beispielsweise, bei denen man lediglich einen oder zwei der besten Sprecher haben sollte. Doch in den meisten Fällen werden Sie Ihre Leute einbeziehen und lehren können. Schließlich werden Ihre Leute einen Teil der Präsentation mit Ihnen bestreiten und sich darauf freuen, irgendwann die gesamte Präsentation zu übernehmen. Sie werden Duplikate mit eigenen Persönlichkeiten.

Drei Zutaten für ein erfolgreiches Geschäft

Ein erfolgreiches Geschäft hat drei Zutaten: die Kommunikation, das System und die Anerkennung. Diese drei Zutaten sind entscheidend für das Blühen Ihres Geschäfts. Ihre Berater brauchen die Kommunikation, damit sie stets über neue Veranstaltungen, Produkte und Ideen zur Präsentation des Geschäfts und die Vermarktung der Produkte informiert sind. Ein System brauchen sie, damit sie beim Geschäftsaufbau genau wissen, was sie tun sollten. Die dritte Zutat, die Anerkennung, ist vielleicht die wichtigste überhaupt, um ihren Schwung und ihre Begeisterung am Leben zu erhalten. Die Teilnahme an Veranstaltungen im ganzen Land und das Gefühl, Ziele erreicht zu haben, hilft ihnen, das nächste Ziel in Angriff zu nehmen. Versuchen Sie, alle neunzig Tage eine Anerkennungsveranstaltung zu organisieren. So können sich Ihre Leute auf kurzfristige Ziele besser konzentrieren. Außerdem ist es wichtig, sie vor den Augen der Organisation zu erbauen. Behandeln wir also jede Zutat einzeln und schauen wir uns an, wie wichtig sie sind.

Die erste Zutat – die Kommunikation

Die ständige Kommunikation mit Ihren Leuten motiviert sie, nach Höherem zu streben. Durch ständige Kommunikation lehren Sie Ihre Downline, wiederum mit ihren Leuten zu kommunizieren. Ihre ermutigende Kommunikation zeigt ihnen an schlechten Tagen, dass sich das Geschäft noch lohnt und Sie auch in schlechten Zeiten bereit sind, ihnen zu helfen. Es zeigt ihnen, daß viele Networker ähnliche Umstände durchgemacht und Rückschläge überlebt haben, um trotz allem weiterzumachen und Spitzenberater zu werden. Dadurch schöpfen ihre Leute die Kraft, weiterzumachen.

In den letzten zehn Jahren ist das Kommunizieren mit Beratern durch moderne Technik sehr viel einfacher geworden. Mit Konferenzschaltungen können Sie Trainings am Telefon abhalten. Einige Unternehmen unterhalten Systeme, die es der Upline ermöglichen, Mitteilungen aufzuzeichnen und an die gesamte Organisation so oft sie wollen weiterleiten zu lassen. Gleichzeitig machen Dreierkonferenzen das Präsentieren des Geschäfts, die Beantwortung von Fragen sowie die ›Feineinstellung‹ der Berater durch Gespräche mit mehr als einer Person einfach. Auch Faxgeräte haben den Prozeß des Kommunizierens verändert. Mit dem Fax können Sie wichtige Informationen an die gesamte Organisation verteilen, entweder mit einzelnen Übermittlungen oder, wenn Sie die richtige Computersoftware besitzen, als Sammelübertragung. So hat jeder die neuesten Informationen über Trainings, Produkte und alle wichtigen Mitteilungen. Mit dem Faxabruf können sich ihre Leute die Informationen dann holen, wann es ihnen paßt und sie überprüfen regelmäßig, ob es Neues gibt.

Der Anrufbeantworter ist natürlich ein Muß. Wer in dieses Geschäft einsteigen will, der muß sich meiner Meinung nach sehr schnell einen Anrufbeantworter anschaffen. Sie wollen doch keine Nachricht verpassen, und außerdem können den Anrufbeantworter als ›Sieb‹ für eingehende Anrufe benutzen, wenn Sie beschäftigt sind. Manchmal ist schwierig, die für Ihr Geschäft wichtigen Dinge zu erledigen und gleichzeitig die Verbindung zu Ihrer Organisation zu halten und sich ihr so schnell wie möglich wieder zu widmen. Die Ansage, die Sie auf Ihren Anrufbeantworter sprechen, sollte kurz und professionell sein. Ein Kind sollte die Ansage nicht aufsprechen. Kein Hundegebell sollte im Hintergrund zu hören sein. Und sie sollte sich professionell anhören. Ein Beispiel wäre: »Zur Zeit kann niemand Ihren Anruf entgegennehmen. Hinterlassen Sie bitte Ihren Namen, Ihre Telefonnummer sowie eine kleine Nachricht. Falls nötig, wird sich jemand so bald wie möglich mit Ihnen in Verbindung setzen«.

Diese Ansage ist kurz und bündig und sie enthält eine wichtige Mitteilung: Sie haben keinen Rückruf versprochen. Sie haben gesagt, »jemand wird sich mit Ihnen in Verbindung setzen, falls es nötig sein sollte«. Dadurch versprechen Sie nicht, einen Anruf zu erwidern, wenn es nicht sofort sein muß. Sagen Sie also nicht nur: »Jemand wird sich mit Ihnen in Verbindung setzen«. Fügen Sie ein »falls nötig« hinzu.

Voicemail ist auch eine Art von Anrufbeantworter, hat aber normalerweise keine begrenzte Aufzeichnungskapazität. Sie können von unterwegs die Ansage ändern und alle Nachrichten überprüfen. Voicemail bietet all das zu einem günstigen Preis. Der einzige Nachteil ist, daß Sie die Anrufe nicht »durchsieben« können.

Das Telefon kann eine Menge Ihrer Zeit beanspruchen, wenn Sie eine große Organisation aufbauen wollen. Dadurch wird das Kommunizieren schwierig. Mit einem guten Kommunikationssystem können Sie weiterhin das Geschäft und Produkt zeigen und mit gutem Beispiel vorangehen. Außerdem können Sie Zeit für die Rückrufe einplanen, um Ihrer Downline zu helfen und an deren Erfolgen teilhaben. In der idealen Situation würden Sie Ihre Frontline informieren, die dann ihre Frontline informiert, und so weiter, bis alle in der Organisation die Informationen erhalten haben.

Gelegentlich wird die Kommunikation zusammenbrechen, weil einer sich weigert, die Nachricht oder das Fax weiterzugeben; hier sollten Sie überlegen, die Person aus der Kommunikationskette zu entfernen. Wenn ich eine solche Person in meiner Frontline hätte, würde ich mir die Telefon- und Faxnummern von deren Frontline besorgen und zukünftig direkt mit diesen Leuten kommunizieren. Es dauerte nicht lange, bis die ausgeschlossene Person um eine zweite Chance bäte. Es gibt nichts Peinlicheres, als daß die Frontline etwas vor dem Sponsor erfährt. Normalerweise wird das Problem dadurch gelöst. Ich hatte eine Person in meiner Frontline, die es trotz fehlender Kommunikation mit ihrer Frontline bis ganz nach oben schaffte. Sie hatte einfach das Glück, eine sehr selbständige Downline und einen kommunikativen Sponsor zu haben! Als ich erkannte, daß meine Faxnachrichten nicht weitergeleitet wurden, umging ich diese Person und wandte mich direkt an ihre Frontline.

Es dauerte nicht lange, bis er mich um eine zweite Chance bat, weil es ihm so peinlich war, Dinge erst nach seiner Downline zu erfahren.

Haben Sie keine Angst davor, hin und wieder hart zu sein. Manchmal haben wir es alle nötig, die Wahrheit zu erfahren, auch wenn wir sie nicht hören wollen. Wenn Sie jemandem etwas für ihn Unangenehmes sagen müssen, denken Sie daran, es mit etwas zu verbinden, daß ihn wieder ermutigt. Das zu tun ist viel einfacher, wenn Sie es in seiner Anwesenheit sagen. Eine sanfte Berührung, während Sie etwas Strenges sagen müssen, zum Beispiel. Zeigen Sie ihm, daß Sie um ihn besorgt sind, daß er das Zeug zum Erfolg hat und Sie mehr von ihm erwarten. Gleichzeitig erinnern Sie ihn daran, was er nach eigener Aussage erreichen will, legen Sie ihm den Arm auf die Schulter und zeigen Sie, daß er Ihnen nicht egal ist; deswegen führen Sie diese kleine Unterhaltung. Am Telefon ist es schwieriger. Sagen Sie ihm, daß die Dinge wieder wie vorher werden sollen, und zeigen Sie ihm eine Lösung des Problems. Geben Sie ihm eine einfache Aufgabe, mit der er sich ›rehabilitieren‹ kann. Möglicherweise muß er die Kommunikationskette aufbauen, Gliedchen für Gliedchen.

Lehren Sie nicht über die Köpfe Ihrer Berater hinweg

Bei aller Kommunikation ist es wichtig, Ihre Leute häppchenweise zu füttern. Auch das Training ist eine Form der Kommunikation. Einer der größten Fehler vieler Berater ist der Versuch, das von ihnen in den letzten sechs Monaten Gelernte einem ganz neuen Berater innerhalb weniger Tage einzuhämmern. Kein Wunder, wenn der neue Berater sich davon überwältigt fühlt, sich außerstande sieht, das Geschäft machen zu können und aufgibt, bevor er eine Chance hatte, sein wahres Potential zu entdecken.

Würden Sie versuchen, einem Drittklässler das Kalkulationsrechnen beizubringen? Natürlich nicht! Ihr Training sollte entsprechend gegliedert sein. Mit anderen Worten: Lehren Sie Ihre Berater nur das, was er in seiner jeweiligen Position wissen muß und lernen kann, um sich zur nächsten Position zu bewegen. Hat er die nächste Position erreicht, können Sie ihn das für die folgende Position Notwendige lehren. Wenn er diese erreicht hat, bereiten Sie ihn auf die nächste vor, und so weiter. Wählen Sie sorgfältig aus, was Sie ihn lehren wollen, und bauen Sie den Lernstoff auf seiner gegenwärtigen Position auf.

Die zweite Zutat des Erfolgs – das System kennen

Kommen wir zum wichtigsten Wort im Network Marketing. Das Wort, das auf der Innenseite Ihrer Stirn tätowiert sein sollt; das Wort, das Ihr gesamtes Handeln bestimmen sollte: DUPLIKATION. Wenn Sie etwas Neues ausprobieren wollen, sollte Ihr erster Gedanke sein: »Ist es duplizierbar?«. Wenn es nicht duplizierbar ist, lassen Sie es unbedingt sein!

Duplizieren Sie sich. Ermutigen Sie Ihre Berater, so wie Sie zu werden. Üben Sie, es einfach zu halten. Dieses Geschäft wird von einer Person zur anderen weitergegeben, doch der Prozeß bricht in sich zusammen, wenn nicht alle Schritte so einfach sind, daß jeder sie duplizieren und den eigenen Erfolg duplizieren kann. Deswegen macht man immer dasselbe – damit es dupliziert werden kann. Die Information weitergeben – das System weitergeben – den Prozeß weitergeben – die Führung weitergeben – die BELOHNUNGEN weitergeben!

Es wird eine Zeit kommen, in der Ihre Organisation so groß sein wird, daß Sie nicht jeden darin kennen werden. Es kommt unweigerlich und Sie werden es nicht kontrollieren können. Aber das ist gut so. Wenn Sie jeden in Ihrer Gruppe kennen würden, wären Sie nicht so erfolgreich, wie Sie sein könnten. Denken Sie nur daran, daß es nicht immer einfach ist, duplizierbar zu sein. Sie müssen das, was Sie tun und sagen, stets kontrollieren. Ich habe es immer wieder erlebt, daß Leute über die eigene Selbstsucht fallen. Sie sind zu sehr damit beschäftigt, Auszeichnungen einzuheimsen, sich auf die Schulter klopfen zu lassen und neue Ideen und Konzepte hinauszuposaunen. Doch was zählt ist nicht, wie oft man beglückwünscht wird. Der eigentliche Erfolg kommt davon, etwas Duplizierbares zu lehren, das andere erlernen und befolgen können. Solche Methoden sind nicht leicht zu erfinden, und sie wechseln nicht von einer Woche zur anderen. Das System ist schrittweise aufgebaut.

Die dritte Zutat für den Erfolg – für Veranstaltungen werben

Neben der Fähigkeit, Leute einzuladen, ist das Werben für Veranstaltungen in meinen Augen die zweitgrößte Fähigkeit, die man im Networking entwickeln muß. Es ist unerläßlich, wenn Sie Ihr wahres Potential realisieren wollen. Wir haben bereits darüber gesprochen, doch das Wiederholen und Duplizieren sind die Schlüssel zum erfolgreichen lernen, und es lohnt sich, es noch einmal zu sagen. Es ist die Vision – das große Bild – das Sie und andere wirklich motivieren wird und ein großartiges Geschäft entstehen läßt. Untermauern Sie Ihr Engagement mit Taten! Ohne das größere Bild ist man nur pro forma im Geschäft, ohne vor Begeisterung zu brennen.

Es wäre zwar schön, wenn es gleich beim ersten Mal passierte, doch das ist leider nicht der Fall. Es gibt Leute, die sechs Monate oder länger im Geschäft sein müssen, bevor sie das größere Bild sehen können. Plötzlich geht ihnen ein Licht auf. Das ist meine ›Glühbirnentheorie‹. Es ist das altbekannte ›Aha!‹-Erlebnis. Manchmal glaube ich, wenn alle Leute bei einem Treffen ans Stromnetz angeschlossen wären, dann würde ich jedesmal Glühbirnen aufleuchten sehen, wenn sie das größere Bild erkannt haben. Es wurde vielleicht schon hundertmal gesagt, aber sie hörten es nicht, weil sie vor diesem bestimmten Treffen einfach nicht ›angeschlossen‹ waren. Was aber wäre passiert, wenn sie das Treffen nicht besucht hätten? Kein Aufleuchten der Glühbirne, keine Produktivität – und bald kein Geschäft!

Leider nehmen es manche nicht so ernst. Manchmal springt der Funke am Anfang nicht sofort über. Es könnte eine bestimmte Aussage sein, die sie zum Aufleuchten bringt. Es könnte eine Unterhaltung mit einem anderen aus ihrem Berufsfeld stammenden Berater sein. Manchmal sind es die Worte eines Gastsprechers, die Ihrem Berater plötzlich die Augen öffnen.

Ich erinnere mich an die Zeit, als ich einen sehr talentierten Basketballtrainer in meiner Organisation hatte. Er besaß Glaubwürdigkeit, Charisma und Kontakte, doch seinen Erfolg in diesem Geschäft konnte ich mir irgendwie nicht vorstellen. Nach langem Zureden nahm er endlich an einem Treffen teil. Am Ende des Treffens gab es wie immer einige Aussagen. Es stellte sich heraus, daß einer der Aussagenden ein ehemaliger Student und Basketballspieler war, den der Basketballtrainer ausgebildet hatte. Dieser ehemaliger Student teilte allen mit, wie viel Geld er jede Woche durch den Verkauf der Produkte machte – es war mehr, als der Trainer verdiente. Mann, er war außer sich! Aber ich sage Ihnen etwas: An jenem Abend leuchtete eine Glühbirne auf, denn er sah endlich das größere Bild. Das Feuer in ihm war entfacht und er schaffte es in Rekordzeit an die Spitze. Sie können zwar nie wissen, was die Glühbirne zum Leuchten bringen wird, aber die Gelegenheit dazu dürfen Sie niemandem vorenthalten.

Laden Sie Ihre Leute dazu ein, an jeder Veranstaltung teilzunehmen. Manchmal müssen Sie für eine Veranstaltung werben, als ginge morgen die Welt unter. Reden Sie darüber, als handele es sich um die beste Gelegenheit seit der Erfindung von Coca-Cola. Sagen Sie, die Teilnahme an der Veranstaltung könnte den geschäftlichen Erfolg verzehnfachen. Stufen Sie die Teilnahme an Veranstaltungen als dringend ein. Schaffen Sie Verlustängste, damit Ihre Leute sich bemühen, daran teilzunehmen. Sie werden staunen, wie die Teilnahme das Geschäft dramatisch voranbringen kann.

Andere werden Ihnen folgen, wenn der Umgang mit Ihnen Spaß macht

Ihr Geschäft sollten Sie natürlich ernst nehmen, aber sich selbst nicht immer so sehr. Vergnügen Sie sich! Entspannen Sie sich! Es wird Ihnen und Ihrer Organisation Spaß machen. Wenn Sie über sich selbst lachen und andere zum Mitlachen bewegen können, vertieft sich die Beziehung und das Erlebnis. Plötzlich haben Sie einen

Augenblick mit ihnen geteilt, in dem sie Gemeinsamkeit und wahre Freundschaft spüren.

Wenn Sie mitten in einer wichtigen Präsentation stecken und Ihre Zunge gerade dann den Dienst verweigert, dann lachen Sie darüber! Noch wichtiger ist, das Publikum kann es Ihnen nachempfinden. Irren ist menschlich, sich eine Blöße zu geben oder manchmal einfach albern zu sein auch. Ob Sie es glauben oder nicht, Lachen macht stark. Network Marketing ist das freieste, vergnüglichste Geschäft, das ich je erlebt habe. Wenn ich alles duplizierbar halte, wird meine Organisation ebenfalls lachen und sich vergnügen. Sie sind nur einmal hier, also entwickeln Sie den größten und tiefsten Freundeskreis wie möglich.

Wer schafft es also wirklich?

Da wir gerade von Freunden sprechen, möchte ich Ihnen sechs meiner Freunde vorstellen, die ich durch Network Marketing kennenlernte. Während Sie ihre Geschichten lesen, werden Sie feststellen, daß jeder auf andere Art und Weise zu diesem Geschäft gekommen ist. Jeder brachte seine (oder ihre) einmaligen Stärken und herausfordernden Schwächen mit sich. Die gemeinsame Verbindung zwischen diesen Leuten ist, so meine ich, ihr Engagement und Verlangen, und die Tatsache, daß sie die richtige Formel für den Erfolg duplizierten. Ich schätze ihre Bereitschaft, ihre persönlichen Erfahrungen mit Ihnen zu teilen. Passen Sie gut auf; Sie könnten gleich über jemanden wie lesen, der Ihnen ähnlich ist.

Bob und Sue Burdick

Während sie im vergangenen Jahr mit zwei Mitgliedern des englischen Oberhauses dinierten und Geschäftliches besprachen, muß es Bob und Sue Burdick wirklich schwergefallen sein, einen bestimmten Gedanken nicht zu denken: »Wenn unsere alten Schulfreunde uns jetzt sehen könnten«.

Für die Burdicks bestand das Leben nicht immer daraus, mit dem Hochadel zu dinieren. Das junge Paar aus Georgia brach die Schule ab, heiratete früh und zeugte fünf Kinder in sechs Jahren. Einige ihrer Freunde dachten bestimmt, daß die Burdicks sich ein Leben voller finanziellen Schwierigkeiten bereitet hatten, in dem sie von der Hand in den Mund leben würden.

»Ganz am Anfang hatten sie auch Recht. Bob arbeitete lang und hart als Bautischler, doch wir hatten nie viel. Wir haben sogar unser Heim im Nordwesten Georgias verloren,« erinnert sich Sue.

Verzweifelt begab sich Sue auf den Arbeitsmarkt – ohne Erfahrung, ohne Ausbildung und mit sehr wenig Hoffnung. »Ich habe alles gemacht, von Immobilien bis zur Hundepflege,« weiß Sue. Endlich lernte sie ein Network Marketingunternehmen kennen, das Wasserfilter vertrieb.

»Mein erstes Ziel war es, $25.000 im ersten Jahr zu verdienen,« sagt Sue. »Am nächsten Tag rief ich vierzig Leute an. Dadurch verlief der Rest des Monats wirklich glatt«.

Nachdem Sue nur sechs Wochen im Geschäft war, gab Bob seinen Job auf und half ihr. »Bob war die schüchternste Person,« erklärt Sue. »Er hat nicht einmal ein stilles Gebet führen wollen, und plötzlich redete er mit Fremden. Es war wirklich unglaublich.«

»Ich wollte es wirklich versuchen,« fügt Bob hinzu. »Seit vierundzwanzig Jahren arbeitete ich an sechs bis sieben Tagen in der Woche auf Baustellen. Ich wußte, ich könnte jederzeit einen Job auf Baustellen bekommen, aber ich wollte es nicht mehr.«

Und sie haben sich wirklich engagiert! Sie arbeiteten Seite an Seite, und im ersten Jahr verdienten sie so viel, daß sie nach Georgia zurückkehren und das Haus, das sie einst verloren hatten, zurückkaufen konnten.

In den ersten drei Jahren steckten die Burdicks alles in ihr Geschäft. Ihr Einsatz hat sich bezahlt gemacht. Seit ihrem Beginn im Network Marketing 1987 hat das vielgereiste Ehepaar $8 Millionen in zehn Jahren verdient und Organisationen in fünfzehn Ländern aufgebaut, unter anderem auch in England.

Bob faßt zusammen: »Man hat viele Gelegenheiten, das Leben anderer zu beeinflussen, wenn man finanziell abgesichert ist. Ich habe festgestellt, daß man sich selbst ändern muß, bevor die Dinge sich ändern. Durch meine Arbeit im Network Marketing habe ich eine unermeßliche persönliche Weiterentwicklung erlebt. Das persönliche Wachstum ist mir wichtiger als finanzielles Wachstum«.

Dennis Windsor

Es gibt nur wenig Jobs, die einem erlauben, für fünfundvierzig Tage in die Flitterwochen zu fahren und zu einem noch größeren Einkommen zurückzukehren. Doch genau das tat der erfolgreiche Networker Dennis Windsor.

Im jungen Alter von zwanzig Jahren stieg Dennis ins Network Marketing ein. Jetzt, achtzehn Jahre später, hat sich Dennis eine finanziell erfüllende und persönlich herausfordernde Karriere erarbeitet.

»Network Marketing machte aus einem hammerschwingenden Gelegenheitsarbeiter einen Mann mit sechsstelligem Einkommen,« erinnert sich Dennis. In seinem ersten Versuch mit Networking verlor Dennis ein paar Hundert Dollar. Rückblickend erkennt er minimale Anstrengung und mangelndes zeitliches Engagement als Gründe dafür.

Für Dennis änderten sich die Dinge im Jahr 1985. Neunzig Tage, nachdem er United Sciences of America beigetreten war, verdiente er bereits sechsstellig. Diesmal ging er fokussiert und mit einem klaren Plan voran. Er ließ sich unter einer ehrgeizigen Upline eintragen und verpflichtete sich, mehr als Vollzeit zu arbeiten.

»Ursprünglich machte ich Networking, weil ich den Lebensstil von Freunden gesehen hatte, die mit Mary Kay Cosmetics arbeiteten. Sie würden mit ihren Kindern für sechs Wochen verreisen und zu noch mehr Geld zurückkommen«, sagt Dennis.

Nach vier Jahren bekam das Unternehmen Schwierigkeiten, und Dennis entschied sich, weiterzugehen. Zusammen mit einigen Kollegen machte er sich auf der Suche nach dem besten Network Marketingunternehmen.

»Ich suchte nach vier bestimmten Dingen, die ein Unternehmen haben sollte. Das erste war eine engagierte Geschäftsführung. Zweitens sollte das Unternehmen stabil sein, drittens sollte es ein Produkt haben, das ganz vorn auf dem Markt war. Das letzte Element war das Timing,« sagt Dennis.

Schließlich entschied er sich für NSA, und im Juli 1987 gründete er ein Unternehmen, das einen phänomenalen Erfolg haben sollte. Aus seinen ursprünglichen dreißig Beratern entwickelte sich sein Network zu einer Organisation mit 175.000 Leuten in vierzehn Ländern, die Verkäufe von dreißig Millionen erzielten.

»Im Grunde stellte ich fest, daß Leute meine Anrufe erwiderten, wenn ich ehrliche Aufmerksamkeit und Integrität zeigte. Viele geben zu schnell auf. Leute reagieren nicht, wenn deine Leistungen zeigen, daß du nicht mit dem Herzen dahinterstehst,« rät Dennis.

Inzwischen hat der Präsident von Windsor International, ein Unternehmen für persönliche Weiterentwicklung in Texas, zwei Bücher veröffentlicht, *Financially Free* und *The Script Book*. Er hat viele Video- und Audiobänder über persönliche Weiterbildung produziert und ein erfolgreiches Unternehmen aufgebaut, das anderen zeigt, wie auch sie mehr vom Leben haben können. Alles in allem ist Dennis der Ansicht, daß seine damaligen Wünsche, die seine Tätigkeit im Network Marketing auslösten, in Erfüllung gegangen sind. Am liebsten verbringt er qualitativ hochwertige Zeit mit seiner Frau Jill und den gemeinsamen Kindern.

»Die Zeit, die ich mit meiner Familie verbringen kann, war die beste Motivation für die harte Arbeit am Anfang, um das Unternehmen aufzubauen. Ich glaube wirklich, daß Network Marketing es gewöhnlichen Menschen erlaubt, einen ungewöhnlichen Lebensstil zu führen«.

Dan und Marilyn McCormick

Manche mögen wohl gedacht haben, daß Marilyn Clawsen und Dan McCormick wenig gemein hatten, als sie sich kennenlernten. Marilyn war eine ehrgeizige Psychologiestudentin, die nebenher Herbal Life verkaufte und ein angenehmes Leben führte. Der neunzehnjährige Dan war Studienabbrecher, der sich für nicht viel außer Athletik interessiert.

Wie auch immer, sechs Monate nach seiner Antwort auf Marilyns Anzeige in einer Washingtoner Zeitung waren sie miteinander verheiratet. Ihr gemeinsames, erstaunlich erfolgreiches Leben zeigt, daß diese beide Individuen wohl doch etwas gemeinsam hatten: Tatkraft und Engagement.

Mit zweiundzwanzig Jahren hatte Dan, der vorher als Aushilfe auf dem Tennisplatz 5 Dollar in der Stunde verdiente, ein Einkommen von mehr als eine Million Dollar, alles durch Network Marketing.

»Es war nur eine Frage des Verstehens: Verstehen, was andere Leute wollen«, sagt Dan, der zur Zeit das Health Club Network besitzt. »Als ich aufwuchs, war mein Selbstwertgefühl nicht sonderlich ausgeprägt. Ich wußte nicht, daß man sich selbst befähigen kann. Network Marketing hat all das geändert«.

In den ersten Jahren ihrer Ehe arbeiteten Dan und Marilyn gemeinsam mit Herbal Life. Nachdem sie einige Millionen Dollar verdient hatten, wollten sie wechseln. Dan ging zu Body Wise, wo er fast fünf Jahre lang arbeitete, während Marilyn zu Hause blieb und sich um ihre vier Mädchen kümmerte.

»Eine der rührendsten Erinnerungen aus meiner Zeit mit Body Wise ist die, als ein Kollege und ich einem Freund halfen, bei dem Leukämie diagnostiziert worden war. Für einige Monate arbeiteten wir mit seiner Downline und bauten sein Geschäft erheblich aus. Als er einige Monate später verstarb, hatten seine Töchter garantierte $20.000 im Monat. Es gibt keinen anderen Job, der das für seine Familie hätte tun können,« sagt Dan.

Was seine eigene Familie betrifft, so sagt Dan, daß er Network Marketing deswegen liebt, weil die finanzielle Sicherheit ihm schöne Erinnerungen beschert. Beispielsweise, als Dan seiner Tochter versprochen hatte, sie zu einem NCAA Basketball-Meisterschaftsspiel der Sonics mitzunehmen. Am Ende zahlte er über Tausend Dollar für die Eintrittskarten. »Ich habe meine Tochter glücklich machen können, weil ich einen Job habe, der mir Freiheit, Zeit und Geld gibt,« sagt Dan, der zur Zeit nahe Mission Viejo in Kalifornien lebt.

Vor allem die Herausforderung des Network Marketings empfindet Dan als aufregend. »Ich ersteige gern neue Berge,« sagt Dan. »Wer Vertrauen in das Produkt und das Unternehmen hat, dem eröffnet sich eine riesige Gelegenheit, egal welchen Hintergrund er hat«.

Laura Carter Maddocks

Als Laura Carter Maddocks das Studium aufnahm, wollte sie einen Abschluß in Erziehungsverwaltung erzielen. Doch als sie einen Kurs im Maschinenschreiben nicht bestehen konnte, mußte sie Erziehungswissenschaften als Hauptfach studieren. Mit einem solchen Anfang ist es kein Wunder, daß sie nach elf Jahren im Schuldienst unglücklich und unzufrieden war.

»Ich suchte nach etwas anderem, das mich befriedigen würde. Zu der Zeit ahnte ich nicht, was dieses ›Ding‹ sein könnte. Inzwischen weiß ich, daß es Network Marketing war,« erinnert sich Laura, die vor ein paar Jahren in England für die Auszeichnung »Geschäftsfrau des Jahres« nominiert wurde.

»Ich habe den Eindruck, daß das Schicksal mich zum Network Marketing geführt hat. Nach einer gescheiterten Ehe, die sechs Monate hielt, war ich pleite und lebte allein in England. Ohne die Unterschrift meines ehemaligen Ehemannes konnte ich nicht einmal ein Bankkonto in meinem Namen eröffnen«.

Statt aufzugeben und zu einer Tätigkeit als Lehrerin nach Amerika zurückzukehren, wie ihr von einigen Freunden empfohlen wurde, blieb Laura standfest und suchte nach einer Möglichkeit, ihren Lebensunterhalt zu verdienen. Für Laura, die inzwischen mit Network Marketing zur Millionärin geworden ist, begann der Weg zum finanziellen Erfolg mit einer Tätigkeit als Empfangsdame. Als sie später von einem Freund um Hilfe gebeten wurde, Wasserfilter zu verkaufen, meinte sie, nichts dabei verlieren zu können.

»Ich ahnte nicht, wozu der Verkauf von Wasserfiltern letztendlich führen würde,« sagt Laura. Aufgrund meiner Erfahrung mit Wasserfiltern wurde ich sofort kontaktiert und rekrutiert, als eine Firma namens NSA den englischen Markt eröffnete«.

Lauras Geschichte ist jedoch keine Geschichte des schnellen Erfolgs. Es dauerte vielmehr drei Jahre, bis sich ihre Mühe auszahlte. »Von meiner Upline habe ich kaum Unterstützung bekommen, und von daher dauerte es eine Weile, bis ich alles verstand,« erinnert sich Laura, die 1996 auf Platz 70 der Liste der meistverdienenden Geschäftsfrauen des Vereinigten Königreichs stand.

»Ich machte auch noch den großen Fehler und kaufte gleich nach Erhalt meines ersten Schecks ein Haus. Damit stapfte ich in die größte finanzielle Falle, die es gibt – ich gab Geld aus, daß ich noch nicht verdient hatte«.

»Für mich kam der Wendepunkt, als ich an einem Treffen mit einer exklusiven Gruppe von Handelsvertretern teilnahm. Nachdem ich ihnen zugehört hatte, erkannte ich, daß ich meine Bemühungen im Network Marketing noch nie fokussiert hatte. Es war, als hätte ich je eine oder zwei Zutaten von vielen verschiedenen Kuchenrezepten herausgepickt – der Kuchen konnte nicht gelingen. Ich erkannte, daß ich ein Rezept auswählen und mich darauf konzentrieren mußte«.

Und genau das tat sie. Als Laura 1992 NSA verließ, um mit dem Network-Unternehmen namens ›Quorum‹ zu arbeiten, verdiente sie genug Geld, um ein sehr angenehmes Leben zu führen.

»Meine Erfahrungen mit Quorum waren ganz andere als die meines ersten Versuchs im Network Marketing. Mit Quorum hatte ich eine tolle Upline, und ich konnte auf viele Jahre Erfahrung mit NSA zurückgreifen. Es dauerte nur vier Monate, bis ich hier sechsstellig verdiente. Ich bin wortwörtlich auf beiden Füßen gelandet«.

Trotz ihres finanziellen Erfolgs gab es eine weitere Lektion, die Laura lernen mußte. Sie mußte lernen, daß man mit Geld kein Glück erkaufen kann. »Eines Tages sah ich mich um und erkannte, daß ich zwar viel Geld, aber kein Leben hatte. Eine erfreuliche Eigenschaft von Network Marketing ist, daß man nach der anfänglichen harten Arbeit viel Freizeit hat, doch davon machte ich keinen Gebrauch. Also mußte ich meine Arbeitsweise erneut umstellen«. Zur Zeit arbeitet Laura als Beraterin für ein Direktverkaufsunternehmen namens Freeway.

»Auf das bisher Erreichte bin ich stolz. Dabei meine ich, daß einer meiner größten Vorzüge meine Glaubwürdigkeit ist. Ich habe meine Bemühungen fokussiert und von anderen Erfolgreichen gelernt, und jetzt habe das Geld, das ich brauche, und einen Lebensstil, der mir gefällt. Meine Mentoren in diesem Geschäft waren eine große Hilfe und Unterstützung. Zurückblickend denke ich schon, daß es lange gedauert hat, um das zu finden, was ich tun wollte, doch das trifft auf Viele zu. Wer man ist und was man sein will, lernt man durch das Leben«.

Steve Campbell

Steve Campbell wäre der erste, der zugeben würde, vor Jahren nie im Leben daran gedacht zu haben, daß er einmal im Network Marketing arbeiten würde. »Ich gehörte zu jenen Leuten, die nur deswegen einen Starterset kaufen, um den Freund oder Nachbarn loszuwerden. Ich hatte einen Schrank voll mit ungeöffneten Startersets,« sagt Steve, der jetzt im Alter 43 Millionen verdient hat – mit genau der Tätigkeit, die er einst so skeptisch betrachtete.

Schon als Student hatte Steve, der zur Zeit gründender Berater eines erfolgreichen Network Marketingunternehmens im Bereich der Kommunikationstechnologie namens I-link ist, entdeckt, daß es sein Traum war, ein erfolgreicher Unternehmer zu werden. Doch damals hatte er noch sehr traditionelle Ansichten über die Geschäftswelt.

Während er an der Brigham Young University in Utah an einem akademischen Grad in Betriebswirtschaft arbeitete, gründete Steve ein Ein-Mann-Unternehmen, das Dachgeschoß-Wärmedämmung an örtliche Hausbesitzer verkaufte. Bald wollte sein Mitbewohner in die Firma einsteigen, und Steves kleines Unternehmen wuchs auf 200 Angestellte in Utah und Kalifornien. Das ›Orange County Business Journal‹ setzte Steves Unternehmen auf Platz 57 der Liste der meistverdienenden Privatunternehmen in ganz Südkalifornien. Schließlich war Steve so sehr beschäftigt, daß er das Studium aufgab, um sich ganz seinem Isolierungsgeschäft zu widmen. Steve fühlte sich erfolgreich, aber auch überwältigt.

»Ich mußte mich nicht nur um $100.000 an Betriebskosten kümmern, sondern auch um die Steuern, Gehälter und Versicherungen für Hunderte von Angestellten. Ich beschloß, das Unternehmen zu verkaufen und eine Firma ohne Betriebskosten von Zuhause aus zu führen,« erinnert sich Steve.

Auf Grund seines geschäftlichen Hintergrundes hatte Steve eine negative Einstellung gegenüber Network Marketing. Doch als er die Aussage eines ehemaligen Gabelstaplerführers hörte, der inzwischen $400.000 monatlich mit Network Marketing verdiente, entschied er sich, diese dynamische Art des eigenen Geschäfts näher kennenzulernen.

Steve ließ sich mit seinem ersten Network Marketingunternehmen in 1990 registrieren, und arbeitete Vollzeit für achtzehn Monate. Nicht sonderlich erfolgreich, erhielt Steve, was er schmunzelnd seinen »Doktorgrad im Network Marketing« nennt. Schlußendlich entschied Steve, daß er sich mit diesem Unternehmen nicht wohl fühlte.

Nach eingehender Prüfung ließ sich Steve bei einem zweiten Network Marketingunternehmen namens ›Rexall‹ als Berater eintragen. Diesmal war er der Meinung, eine Firma mit Kapital, einer guten Geschäftsführung und einem einmaligen Produkt gefunden zu haben. Innerhalb von drei Jahren verdiente Steve $50.000 monatlich.

»Die Vorstellung, für einen anderen zu arbeiten, fällt mir wirklich schwer. Ich habe schon immer mein eigenes Ding gemacht,« sagt Steve. »Letztendlich entdeckte ich Network Marketing als die rentabelste Möglichkeit, ein eigenes Geschäft mit wenig Verwaltungsaufwand zu besitzen. Am besten gefällt mir, Leute aus allen Lebensbereichen kennenzulernen. Ich liebe es, mir diejenigen auszusuchen, mit denen ich arbeite. Es ist ein tolles Geschäft«.

George und Eloise Zalucki

Network-Veteran George Zalucki ist seit mehr als zwanzig Jahren im Geschäft und war einst Fakultätsvorsteher am Detroit Senior College of Business in Dearborn, Michigan. In der Schule hatte er hart gearbeitet und bekam seinen akademischen Grad vom Providence College in Rhode Island. Obendrein genoß George seine Arbeit als Dozent für Psychologie und Soziologie und als Trainer einer Basketballmannschaft.

»Eigentlich begann es damit, daß ich neun Kinder hatte, und eine Familie dieser Größe konnte ich von meinem Verdienst als Dozent nicht ernähren. Mir war klar, daß ich etwas anderes tun mußte, doch ich wußte nicht, wo ich zu suchen anfangen sollte, und für die Gründung eines eigenen Geschäfts nach der, von mir gelernten Methode fehlten mir die finanziellen Mittel,« erklärt George.

Widerwillig nahm er – aufgrund des Drängens eines Freundes – an seinem ersten Seminar im Network Marketing teil.

»Im Seminar hörte ich einen Mann mit 72 Jahren und einer schlechten Schulbildung erzählen, daß er mit Network Marketing $10.000 im Monat verdiente. Das Geschäft hatte er vor nur drei Jahren, im Alter von neunundsechzig angefangen«, erinnert sich George. »Diese Aussage machte mich süchtig. Dieser Mann war der lebende Beweis dafür, daß man nicht nur mit den traditionell gelehrten Geschäftsmethoden ein gutes Einkommen erzielen kann«.

Je mehr George über Network Marketing lernte, umso mehr erkannte er, daß es zu seinem Interessengebiet der Psychologie und der persönlichen Weiterentwicklung paßte. George arbeitete weiterhin als Dozent, und abends betrieb er sein Network Marketinggeschäft von Zuhause aus. Nach zwei Jahren verdiente er mit seinem nebenher betriebenen Network Marketinggeschäft das Zweifache seines Dozentengehalts, und er gab seinen Job als Fakultätsvorsteher auf. Seitdem arbeitet er ohne Unterbrechung im Network Marketing und hat Seminare für persönliche Weiterentwicklung in den USA und ganz Europa gehalten.

George ist Autor von vier Videofilmen und acht Tonbandserien mit Themen wie *Emotionen: Diener oder Zerstörer* und *Realitäten vor dem Erfolg im Network Marketing*. Zusammen mit seiner Ehefrau erschien er auf das Titelblatt des europäischen ›Success Magazins‹.

»Im Network Marketing lernen Sie vor allem eines: Sie lernen mehr über sich selbst. Ihre ganzen Schwächen kommen zum Vorschein und es liegt an Ihnen, daraus Stärken zu machen. Ich habe außerdem gelernt, daß viele in der akademischen Welt sehr wenig über das Führen eines Geschäfts wissen. Ich meine, daß ein einstündiges Gespräch mit einem langjährigen, erfolgreichen Network-Profi so wertvoll wie ein ganzes Studium sein kann. Network Marketing ist ein äußerst emotionales Geschäft. Das Meistern der emotionalen Reaktionen ist der Schlüssel zum Erfolg. Engagement mit innerem emotionalem Abstand führt schlußendlich die gewünschten Ergebnisse herbei. Wenn Sie bereit sind, sich viele ›Neins‹ anzuhören, werden Sie es schaffen,« rät George.

Machen Sie Ihre eigene Geschichte zu einem Erfolg

Genau wie diese sechs besonderen Leute haben auch Sie einen eigenen Hintergrund, eigene Erfahrungen und Wünsche. Für mich ist das das Schöne am Network Marketing. Es spielt keine Rolle. Im Gegensatz zur traditionellen Geschäftswelt kennt Network Marketing keine Diskriminierung aufgrund von Rasse, Geschlecht, Nationalität, Einkommen, Bildung oder Erfahrung. Sie allein bestimmen, ob Sie es schaffen oder nicht. Sie entscheiden, ob Sie den Weg des Erfolgs gehen, oder ob ein paar Rückschläge Sie daran hindern.

Denken Sie daran, erfolgreiches Network Marketing ähnelt dem Befolgen eines Rezeptes, bei dem der erste Schritt darin besteht, die innere Entscheidung für den Erfolg zu treffen. Bevor Sie diese Entscheidung nicht getroffen haben, wird nichts, was sie tun, einen großen Unterschied ausmachen. Wenn Sie diese Entscheidung getroffen haben, verpflichten Sie sich, ein Jahr lang alles zu geben, ohne die Möglichkeit des Aussteigens.

Der nächste Schritt des Rezeptes ist Disziplin. Tagein, tagaus müssen Sie das zum Aufbau einer starken Organisation Notwendige tun. Disziplin ist nichts anderes, als das zu tun, was Sie versprochen haben, auch wenn das dahinter liegende Gefühl längst verschwunden ist. Unabhängig von Wetter, Krankheit und insbesondere Routine – müsen Sie die Selbstdisziplin entwickeln, das Telefon zu benutzen oder das Haus zu verlassen. Dadurch unterscheidet sich der Erfolgreiche vom Erfolglosen. Ich habe schon oft gehört, die wahre Prüfung des Charakters bestünde darin, zu tun, was wir tun sollten, auch wenn keiner hinschaut. Einen Großteil der Arbeit im Network Marketing müssen Sie tun, wenn keiner hinsieht. Manchmal wird die Reise zum Erfolg sogar einsam sein, doch deswegen bekommen die, die es schaffen, solch große Anerkennung. Wir kennen den Preis, den sie dafür zahlten. Ich kann Ihnen nur raten, mit dem Ziel vor Augen dabei zu bleiben, und Sie werden die Früchte ihrer Arbeit ernten.

Der dritte Schritt besteht darin, Ablehnungen nicht persönlich zu nehmen. Ich werde nie vergessen, wie befreit ich mich fühlte, als ich erkannte, man lehnte nicht mich persönlich ab, wenn man mir »Nein« sagte. Sie müssen den eigenen Durchbruch schaffen und erkennen, daß es sich um ein Zahlenspiel handelt. Der Erfolg liegt darin, wie oft Sie das Produkt und das Geschäft zeigen. Bedenken Sie, daß die Art des Produkts unerheblich ist, solange Sie daran glauben und mit echter Überzeugung darüber sprechen können. Auch wenn Sie den Unternehmensschriftzug hinten an Ihrem Auto befestigen und damit durch die Gegend fahren, irgendeiner wird Sie danach fragen. Sie müssen nur Ihre Geschichte so gut erzählen, wie Sie es können. Das Zahlenspiel ist eine Tatsache. Lassen Sie keine schleichende Entmutigung zu. Network Marketing hat nichts mit Ihnen zu tun, aber sehr viel mit der Quantität Ihrer Bemühungen.

Der vierte Schritt ist, duplizierbar zu sein. Glauben Sie nicht, Sie müßten Ihr eigenes Erfolgssystem entwickeln. Das System ist bereits installiert. Je mehr Sie einem erprobten und bewährten Plan befolgen, um so mehr werden andere es sehen und Ihrem Beispiel folgen. Diese Leute werden auch erfolgreich, stärken dadurch Ihre Organisation und machen daraus ein sich selbst erhaltendes Geschäft mit echtem passivem Einkommen.

Die vielleicht wichtigste Zutat des Rezepts für den Erfolg ist der Spaß. Zugegeben, Sie werden das Leben nicht immer aufregend finden und nicht jeden Tag genießen. Doch im großen und ganzen muß ich für mich sagen, daß Network Marketing das vergnüglichste Geschäft ist, mit dem ich je zu tun hatte. Auch ist es lebensverändernd. Durch Network Marketing habe ich mehr liebe Freunde gewonnen, als ich jemals für möglich gehalten hätte. Ich habe Teile dieser Welt gesehen, die ich zu sehen nicht einmal geträumt habe. Und dank der Plattform, die Network Marketing der persönlichen Weiterentwicklung stellt, habe ich mehr über mich selbst erfahren und mich zu einem Grad weiterentwickelt, den ich nie in meinen wildesten Träumen für möglich gehalten hätte.

Ich möchte Ihnen jetzt gratulieren. Sie haben ja dieses Buch immerhin zu Ende gelesen, und das sagt mir, daß es Ihnen ernst ist mit dieser Reise namens Network Marketing. Doch es sagt mir auch, daß Sie offen und gelehrig sind und bereit, zu lernen, zu üben und die richtige Einstellung zu entwickeln – komme, was kommen mag. Das dürfen Sie niemals verlieren. Es ist erfrischend, wenn besonders ein Lehrer gelehrig bleibt, weil er weiß, daß er einige Lektionen durch die Augen eines frischen, neuen Beraters sehen könnte.

Lassen Sie mich noch ein paar Geheimnisse für den Weg verraten: Geben Sie die Führung und den Ruhm weiter, erkennen Sie, wenn Sie loslassen müssen, lassen Sie Ihre Führungskräfte glänzen und lehren Sie Ihre Leute, erfolgreicher als Sie zu sein. Das sind die größten Geheimnisse für den Erfolg im Network Marketing. Es ist Ihr Schlüssel zum wahren Selbstbesitz.

Ich wünsche Ihnen eine wunderbare Reise.

Network Press Int. AG

Segeberger Chaussee 142 • 22851 Norderstedt

Telefon: 040 - 533 22 60 • Fax: 040 - 533 22 620

www.network-press.de